성장의 비밀

성장의 비밀

초판 1쇄 인쇄 2020년 12월 15일
초판 1쇄 발행 2020년 12월 20일

지은이 김홍원
펴낸이 전익균, 전형주

기 획 백현서, 조양제
이 사 김영진
실 장 허태훈
편 집 김 정
관 리 이주용, 전이랑, 조성오
개 발 박수아
교 육 민선아
마케팅 팀메이츠

펴낸곳 도서출판 새빛북스, (주)아미푸드앤미디어
전 화 (02) 2203-1996, 031)427-4399 **팩스** (050) 4328-4393
출판문의 및 원고투고 이메일 svedu@daum.net
등록번호 제215-92-61832호 **등록일자** 2010. 7. 12

값 16,000원
ISBN 978-89-968972-9-3(03190)
* 잘못 만들어진 책은 구입하신 곳에서 바꾸어 드립니다.

이 도서의 국립중앙도서관 출판시도서목록(CIP)은 서지정보유통지원시스템 홈페이지
(http://seoji.nl.go.kr)와 국가자료공동목록시스템(http://www.nl.go.kr/kolisnet)에서 이용하
실 수 있습니다.(CIP제어번호 : CIP2020049841)

DREAM CREATIVITY

성장의
비밀

내면의 지혜와 행복한 삶

김홍원 지음

AONEBOOKS
에이원북스

파블로프

우리가 세상에서 살 수 있는 기회는 단 한번뿐이다.

그러니 시간을 소중히 여기고 최대한 진실한 생활,

가치있는 생활을 만들어가라.

페스탈로찌의 恨과 꿈

문 용 린
(전 교육부장관, 서울대 명예교수)

교육에 뜻을 둔 사람이라면 누구나 한번쯤은 페스탈로찌에 심취하기 마련이다. 젊은 혈기의 교육관이 흠뻑 배인 은자의 황혼이라는 그의 책은 교육학도들의 가슴에 불을 질러 놓곤했다. 페스탈로찌는 은자의 황혼에 선언된 교육철학을 실현코자 80평생을 교육에 헌신한다.

노이호프에서 이베르돈에 이르는 그의 교육적 편력은 화려하고 웅장하다. 그러나 그는 실패를 연속 경험한다. 그를 지지해 주던 학교장들의 시기, 그가 가르친 제자들의 반발, 지역사회 학부모와 관료들의 몰이해 등등으로 그가 꿈꾸던 교육적 이상은 한번도 실현된 적이 없다. 그래서 그가 죽기 직전에 집필한 '백조의 노래'라는 책에는 그의 이상적 교육에 대한 미련과 아쉬움이 짙게 배어있다. 이른바 페스탈로찌의 한(恨)이 표출된 셈이다.

이 책의 저자 김홍원 박사는 교육행정분야에 평생을 바친 분이시다. 교육부 주무관을 시작으로 사무관, 서기관, 이사관, 국장 그리고 부교육감에 이르는 교육행정가로 외길을 달려 오셨고, 그후 대학에서 교육학, 분야의 강의와 연구를 계속해 오신 분이다. 페스탈로찌처럼 김박사도 평생 한 번도 교육 밖으로 나가본 적이 없다. 그러나 이제 80이 넘어 대학의 교편도 내려놓고, 자신의 삶을 되돌아보는 성찰의 시간을 가지며, 못다한 교육에의 꿈을 다시 상기한다.

김홍원 박사는 그의 인생에서 아직도 교육을 떼어 놓지 못하고 있다. 여전히 그는 교육에 대해서 특히 젊은 청소년에 대해서, 또 그들을 키우고 있는 젊은 부모들과 교사들에 대해서 던져주고 싶은 교육학적 당부의 말이 너무도 많다. 이 책은 바로 이러한 김홍원 방식(方式)의 페스탈로찌의 한과 꿈을 담은 책이라고 볼 수 있다.

이 책에서 김홍원 박사가 독자에게 전달하자 하는 메시지는 간결하고 분명하다.

첫째, 성장하는 삶이란 신체발달과 함께 정신적 영역에서 생각과 행동, 태도의 변화를 통해서 삶의 의미와 가치를 높이는 행위이다. 따라서 저자는 성장하는 삶의 맥락을 찾기 위한 새로운 교육적 노력 또한 의미 있는 구상으로 보인다.

둘째, 성장하는 삶을 살기 위해서는 인간성장의 비밀이 무엇인가를 알고, 마음의 창을 열고 자신 속에 숨어 있는 에너지를 활용할 줄 알아야 한다.

셋째, 마음속 에너지를 잘 활용해야만 성장의 빛과 불씨를 얻게 된다. 성장의 힘과 불씨는 내면의 지혜에서 나와 놀라움으로 사람을 변화시키고, 성취와 창조성을 이루어 낼 수 있다.

넷째, 긍정적인 정서와 좋은 품성을 지니게 되면, 바람직한 동기와 호기심으로 감정을 움직이게 되어 생각과 행동을 올바르게 성장시킬 수 있다.

다섯째, 끊임없는 노력으로 성취와 창조에 도전하는 용기 있는 삶을 살아온 사람만이 영감 있는 통찰과 영혼의 성숙을 얻게 된다. 험난한 역경 속에서도 상상의 날개를 마음껏 펼쳐, 성숙한 영혼의 행복감을 체험하는 것이 중요하다. 넬슨 만델라처럼 역경을 복수가 아니라 화해와 용서로 풀어서 진정한 영혼의 행복을 맛보게 하라.

마지막으로, 최고 정치 지도자의 리더십은 한국적 바람직한 지도자 탄생의 꿈이 실려 있다.

  저자의 촌철살인 하는 메시지가 책의 곳곳에 숨겨져 있다. 많은 청소년들과 젊은 학부모 그리고 교육자들이 이 책속에 실린 좋은 내용을 읽고, 활용하고 실천하여 행복한 삶을 이루는데 도움 받을 수 있기를 고대한다.

나는 왜 이 책을 쓰게 되었는가?

저자는 지나온 경험을 바탕으로, 교육과 학습이 개인의 자아실현과 국가발전의 원동력이 된다는 사명감이 이 과제를 선택한 첫 번째 동기라고 할 수 있다. 교육을 통하여 미래 세대들에게 변화에 창조적으로 대응할 수 있는 지식과 기술을 길러내는 일은 우리 모두에게 주어진 사명이요, 역사적 책무라고 여겨진다.

인간은 이 지구상에서 가장 매력적이고 무한한 가능성과 잠재성, 개별성과 특수성을 지닌 신비의 존재라는 사실을 알게 되면서 인간성장에 관한 호기심을 멈출 수가 없었다는 것이 두 번째 이유가 된다.

이와 같은 연유로 지나온 내 삶의 경험과 학습 그리고 다른 사람들의 성장 과정을 보면서, 공감할 수 있는 일반적이고 공통적인 성장의 패러다임을 찾을 수 있다는 가정 하에서 출발을 하게 되었다.

이것을 찾기 위한 노력으로 관련 전문서적을 찾아보기도 하고, 깊은 생각에 잠기면서 수년간 이 과제에 집중하고 몰입하게 되었다. 다행스럽게도 저자는 이러한 과정을 거치면서 고뇌의 순간도 많았으나 순간순간 성장의 맥락이 물안개처럼 떠오를 때가 있었기에 기쁨과 행복의 순간도 맛볼 수 있었다.

이 책을 쓰면서 어떤 어려움이 있었는가?

인간성장에 관한 단편적인 글은 너무나 넘쳐 있었으나, 체계화된 이론서나 자료를 찾기는 쉽지 않았다. 아마도 이것은 사람마다 갖고 있는 독자성, 개별성, 특수성에서 그 원인을 찾을 수도 있다고 보는 것이 공통적 관심으로 보여진다.

뿐만 아니라 인간성장에 관한 종합적인 연구가 이루어지기 위해서는 인류학자, 철학자, 교육학, 심리학, 뇌 과학자 등의 관련 학자와의 협력이 필수적이라는 이유가 될 수 있다.

저자가 보기에는 현대문명을 이룬 인간의 노력은 놀라운 경지에 도달하고 있음에도 정작 인간 자신에 관한 연구는 아직도 베일에 싸여있다고 여겨진다. 특히 뇌 과학 등에서 신비에 싸여있는 연구가 진행되고 있으나 생각보다 빠르지는 못한 것으로 생각된다.

이 책은 어떤 독자층이 읽는 것이 유익한가?

아름답고 유익한 삶을 꿈꾸는 "주인공"이면 누구나 이 책을 한 번 읽기를 권한다.

특히 중고교청소년, 대학생은 물론, 자녀교육에 열정을 다하시는 학부모님, 교육현장에서 직접 지도하시는 선생님, 직장에서 현직 교육을 맡으신 전문가, 장년과 노년의 삶을 행복하게 살기 원하는 분들에게는 유용한 자료가 될 수 있기를 희망한다.

독자에게 드리고 싶은 말

사람들은 누구나 한 번뿐인 인생을 살아가면서 자기의 존재감을 높이고 그 삶이 가치 있고 행복한 삶이 되기를 소망한다.

창조적 내면의 지혜를 가진 자만이 올바른 성장의 길을 찾아서 걷게 되고, 위대한 승리자가 될 수 있다. 저자는 자신이 살아온 경험을 토대로 교육적 가르침과 삶의 태도, 내면의 세계를 하나의 맥락으로 통합하는 새로운 성장 패러다임을 제시하고자 한다.

이 책이 소중한 자기 인생을 살아가기를 원하는 주인공에게 귀중한 여정을 살아가는데 안내서로써 보탬이 될 수 있기를 바란다.

성장 과정에서는 누구나 고통과 인내의 순간과 함께 기쁨의 순간도 경험하게 된다.

그러나 고통과 인내의 순간은 받아들이는 태도에 따라 기회 요인이 될 수도 있고 패배로 이어질 수도 있다. 태도는 하루아침에 이루어지는 것이 아니라 순간순간 매시간 매시간, 하루하루가 쌓여서 엮어낸 생각과 행동의 맥락작용의 결과물이다.

성장 과정에서 좋은 습관을 기르고 좋아하고 하고 싶은 일에 열정과 능력을 쌓게 되면, 물안개처럼 피어나는 아름다운 내면의 지혜를 발견하게 된다.

자신의 보물상자인 내면에 능력과 지혜를 쌓기 위하여 일관성과 계속성으로, 집중하고 몰입을 하게 된다면 어느 순간 성취와 창조의 그림자가 자기 앞에 서 있는 놀라운 경험을 하게 될 것이다.

이것은 내가 살아온 삶의 경험과 일치하기 때문이다. 이 책에 담겨있는 이론과 내용은 스승과 선지자들이 주는 가르침을 읽고 생각한 것이다.

제1부와 제2부는 경이로운 인간성장을 탐구하기 위한 서론 부분에 속한다. 제3부는 인간성장의 실천목표를 담은 본론이다. 제4부는 성취와 창조의 결과로 이어지는 통합과 영혼의 성숙의 모습이며, 제5부는 응용편에 속한다.

2020년 11월

저자 **김 홍 원** 드림

목차

제1부 | 위대한 인간성장의 꿈속에 천재성이 숨어 있다

제3부 | 위대한 인간성장의 꿈은 습관을 바꾸고 내면의 변화를 통해서만 가능하다

내 안에 살아 숨 쉬는
성취와 창조의 맥락을 찾아라

이것을 알게 되면 인생을 살게 되는 인간성장의 보물 지도를
한 손에 넣는 것이나 다름없다.

1부 ● 위대한 인간성장의 꿈속에 천재성이 숨어 있다

▼

2부 ● 내 안에 살아 숨 쉬는 성장의 맥락을 찾아라

▼

3부 ● 위대한 인간성장의 꿈은 습관을 바꾸고
내면의 변화를 통해서만 가능하다

▼

4부 ● 통찰과 영혼의 성숙으로 행복한 삶을 살아라

▼

5부 ● 통합적 연결맥락을 활용한 성취와 창조에
이르는 길

위대한 인간성장의 꿈속에
천재성이 숨어 있다

어떤 경우에도 성장하는 삶을 포기하지 말라.
인간이 성장하고 발달하는 것은 성숙과 학습,
그리고 내면의 변화에서 비롯된다.

1 인간성장을 향한 꿈과 미래

어제의 생각과 행동이 오늘의 나를 만들고 오늘의 생각과 행동이 내일의 나를 만든다. 어떤 경우에도 성장하는 삶을 포기하지 말라. 인간이 성장하고 발달하는 과정은 성숙과 학습이라는 두 가지 내면의 변화에서 온다.

1. 지나간 소중했던 삶을 되돌아보며

나는 어릴 때 꿈은 많았지만, 그 꿈이 무엇을 의미하는지는 알지 못하고 자랐다. 성장하면서 생각은 많았지만, 그 생각의 방향이나 중요성을 의미 있게 깨닫지 못했다.

겨우 50대 후반에 와서야 희미하게나마 삶의 중요성을 알게 되었고, 얼마 지나서는 정년을 맞이하게 되었다. 직장에 얽매여서 하루하루의 삶이 일하고 일상에 얽매여 살았던 지난 세월을 되돌아보면서, 나름대로 삶의 꿈과 미래를 생각해 보았다.

이 책을 통해 바람직한 삶을 원하는 젊은이나 관심 있는 분들과 나의 깨달음과 소중한 경험을 함께 나누고 싶다. 부족하고 미진하며 겸손하지 못한 표현이 담겨 있어도 읽는 분의 마음으로 채워주신다면 고마울 뿐이다.

앤서니 라빈스는 꿈을 현실로 만드는데 필요한 자원은 우리 내부에 있으며, 그것은 우리가 깨워서 탄생시킬 그 날만을 기다리고 있다고 하였다.

성장을 향한 꿈과 호기심

우리가 매일매일 꿈을 꾸는 이유는
미지의 세계를 향한 성장의 호기심 때문이다.

우리가 하루하루 삶에 열정을 다하는 까닭은
순수한 마음속 창문을 열기 위함이다.

우리가 순간순간 삶의 보람과 향기를 느끼는 이유는
아름다운 삶의 지혜를 갈망하기 때문이다.

우리가 삶의 과정에서 찾게 되는 최고의 가치는
성취와 창조의 꽃을 피우고, 영혼의 성숙으로
향기로운 열매를 맺기 위함이다.

마음의 빛으로 창문을 열고
마음의 밭에 지혜로운 씨앗을 뿌린 후
성장의 에너지를 끄집어내면
깨달음으로 영감을 얻게 되고
마침내 소망하는 성취와 창조에 이룰 수 있다.

– 저자의 메모 중에서

저자는 어릴 때부터 시골 산촌에서 태어나, 성장단계를 거쳐
오면서, 담대한 믿음으로, 흔들리지 않는 사람이 되기를 원했다.
어려운 세파를 돌파해야 한다는 다짐으로, 마음속에 일어나는 심
리적 갈등을 해소해야 한다는 생각을 하면서 마음을 잘 다스려야
한다는 고민을 한 바 있다.

그러나 나의 이러한 고민이나 갈등을 해소하고 도움을 줄 수
있는 사람이 안타깝게도 주위에 많지 않았다. 학교에서도 가르
쳐 주지 않았고 주변에는 없었으므로, 혼자 깊은 고민에 빠지기
를 한 것은 한두 번이 아니었다. 특히 중학교와 고등학교 시절은

나와 같은 청소년들이 공통적으로 겪게 되는 시련과 유혹이 많은 시기였다고 생각된다. 청소년기에는 나는 이런 시련과 유혹을 극복하기 위해 나만의 방법을 찾았는데, 그것은 서점에서 관련 서적을 찾아 읽고, 이를 가슴에 새기며, 중요하다고 생각되는 것은 책상 앞에 써 붙여 놓고, 습관화하기 위한 노력을 한 것이었다. 감사하게도 그러한 노력이 나에게는 성장에 크게 도움이 되었고, 나의 생각을 넓혀주고 참을성을 길러주었으며, 시간이 지남에 따라 습관으로 이어지면서 미래를 긍정적으로 바라볼 수 있는 눈을 뜨게 했다고 생각된다.

청년이 되어서 직장을 가진 후에는 맡은 바 소임을 다한다는 각오로 전문성을 키우고자 학습과 맡은 일에 열정을 쏟았다.

젊은이들이여, 미래를 긍정적으로 바라보고, 용기와 지혜를 갖고 두려움을 떨치며, 야망을 품고 끈질기게 인생이라는 경기장에서 승리하기를 기대한다.

2. 실패를 두려워하지 말고 성장의 늪에 빠져라

인생이란 남이 하는 대로, 남의 일에 관심을 갖고, 바라보는 불구경하는 장소가 아니다. 용기 있게 성장이라는 늪에 빠져본 자만이 인생의 참된 의미와 깊이를 알게 되고, 실패와 좌절에서 겪은 아픔을 안고 이것이 기폭제가 되어 자신만의 목표를 발견할 수 있는 경험의 순간을 맛볼 수 있게 된다.

시련이 다가와 어려움을 겪고 있을 때 당황하거나 좌절해서는 안 된다. 그 시련이 나에게 어떤 메시지를 주려는지 그것을 받아들이는 마음의 자세에 달려 있다. 다가온 사물의 본질을 뚫는 삶의 지혜가 필요한 것이다. 다가온 사물 때문에 흔들리지 않고, 사물의 홍수에 몸을 던지고 나아가 그 센 홍수를 받아들이고 사랑하는 것이다. 그와 같은 삶의 과정과 순간을 거치는 동안 자신에게 쌓이는 내면의 세계는 값진 성장의 보물 상자로 자리 잡게 된다.

역경을 비켜 가려는 것은 어리석은 생각이다. 그렇게 사물의 본질을 꿰뚫는 지혜를 가지게 된다면, 사물 속에서 신비함을 느끼고 본질에 가깝게 다가설 수 있게 되고, 사랑으로 맞이하게 되며, 결국엔 그 경험을 자기 것으로 만들 수가 있다.

긍정적 정서를 기르고, 도전을 마다하지 않으며, 어떤 어려움이 닥쳐도 이를 이겨낼 수 있다는 믿음과 지혜를 가져야 한다. 용기를 가지고, 어려움을 이겨내는 과정에서, 참된 삶의 의미를 찾게 된다. 그 어려움이 디딤돌이 되어 그것을 즐거움으로 받아들이는, 적극적이고 긍정적인 삶이야말로 성장의 기쁨과 행복을 맛보게 해 줄 것임을 의심하지 않는다.

3. 바람직한 삶이란 어떤 삶인가?

인간은 누구나 태어나면서부터 본능적으로 행복한 삶을 원한다. 행복한 삶이란 부와 지식을 많이 소유한 사람을 가리키는 것이 아니라고 사람들은 말한다.

자기 자신이 일생 동안 그 일을 좋아하면서, 즐거운 마음으로 헌신을 다하면서, 건강하게 자기 주도적으로 만족하는 삶을 살았다면, 그 사람은 자신이 행복한 삶을 살았다고 말할 수 있을 것이다.

프랑스인 티벳 승려인 마티유 리카르는 "행복한 삶이란 건강한 마음에서 우러나오는 충만한 느낌"이라고 주장한 바 있다. 그 이유는 순간적 감정이나 기분과는 달리, 정서적으로 균형 상태에 도달한 최적의 상태가 행복한 삶의 뜻으로 인식된다는 것이다. 그러나 이 경우에도 필자의 견해로는, 자신의 주관적인 관점보다 행복한 삶에 대한 객관적인 판단이 더하여진다면, 행복한 삶의 가치와 빛이 더 발하게 될 것이라 생각한다.

행복한 삶에 대한 저자의 입장은, 어떤 일을 통하여 바라는 바를 이룬 성취의 삶이나 창조성을 이룬 삶의 실현에 중심을 두고 있다.

성장하는 삶이란 사람이 신체발달과 함께 정신적 영역에서 생각과 행동, 태도의 변화로 삶의 의미와 가치를 높이는 행위이다.

지나온 역사가 말하듯이 인류가 이루어낸, 지금까지의 경험과 공통적으로 축적된 지식과 기술의 발자취 위에서, 조금씩 조금씩, 한 걸음 한 걸음, 단계적으로 세월의 흐름에 따라, 사람들의 작은 성취가 모여 밑거름이 되고, 새로운 꽃과 열매를 맺게 되는 결과로 성취와 창조가 탄생된 것으로 여겨지기 때문이다. 그러한 삶의 과정으로 이어지는 성취와 창조의 삶은 일상의 삶과 멀리 떨어져 있는 것이 아니라 모든 사람들의 생각 속에 살아 움트고 있는 "새로운 갈망"이며, 인간이 공통적으로 추구하고 있는 "희망의 열매"로 보여진다는 생각이다. 즉, 지금까지 인류의 역사를 진보 가능하게 했던 과학과 예술, 경제, 인문학의 발전은 호기심이나 탐구심이 강한 특정한 개인의 느낌이나 감성, 직감 등 잠재력이 높은 사람들이 한발 앞서 먼저 깨닫고, 강한 성취동기를 먼저 끄집어내어 놓은 결과물이며, 이는 누구나 공감할 수 있는 일종의 유용한 산물에 불과한 것이라고 말할 수 있다. 사람들의 일생은 꿈과 상상력으로 무한한 생활 공간 속에서 개개인이 지닌 독특한 개성과 함께 환경을 울타리로 삼아 살아가는 다양하고 복잡한 신비의 존재이다.

존 맥스웰은 "개인이 꿈을 이루고 비전을 성취하기 위해서는 성장이 필요하다"고 하였고,

앤서니 라빈스는 "운명을 결정하는 것은 자연이나 사건이 아니라, 그 환경이나 사건이 나에게 무엇을 의미하는지에 대한 자신의 믿음"이라 말한 바 있다.

또한, 미국 보수정치의 거목 존 매케인 상원의원은 "조국에 대한 긍정과 희망이 삶을 긍정적으로 바라보는 인생관에서 비롯됐다"고 말했다.

"내가 세상에서 제일 운 좋은 사람이라고 생각했고, 죽음을 앞둔 지금도 그렇다 …… 하지만 좋았든 나빴든 내 인생 단 하루도 다른 누군가의 최고의 날과 바꾸지 않겠다."

그가 가진 이런 긍정적인 인생관이 믿음과 희망으로 이끌어 그는 애국심이 충만한 행복한 일생을 살았음이 분명한 사람이라고 생각된다.

4. 어떻게 하면 올바른 성장의 삶을 살 수 있을까?

올바른 성장의 삶을 살기 위해서는 다음과 같은 인간 발달과 변화의 원리를 이해하는 것이 중요하다.

첫째, 인간 발달과 변화의 원리를 알아야 한다.
인간 발달과 변화를 가져오게 하는 것은 유전인가? 환경인가? 이는 끝없는 논쟁으로 이어질 수 있다. 하지만 결론은 개인의 발달은 타고난 유전적 특성과 환경 간의 상호 작용의 산물로 이해된다는 것이다.

둘째, 인간 발달의 안정성과 불안정성의 문제이다. 인간 발달은 지속되는가? 아니면 변화하는가? 성장 초기의 경험이 중요하지만 인간 발달은 상당한 탄력성을 지니기 때문에 이후 경험으로도 인지적 · 정서적 발달이 결정적 변화를 보이는 경우가 적지 않다는 것이다.

셋째, 인간 발달의 연속성과 비연속성의 문제이다.

인간성장은 특성 발달 내에서는 양적인 변화 즉, 연속성을 보이며 양적인 변화가 누적되면 질적으로 다른 단계로의 전이가 일어난다는 것이다. 「인간 발달 박성현 외 파워북에서」

미국의 심리학자 칼 로저스(Rogers)는 인간행동의 가장 중요한 특성으로써 총체적 완전을 추구하는 성장의 형성과정은 멈추지 않고 계속되며, 인간은 단순한 유기체라기보다는 생각을 하는 인지적 존재이기 때문에, 인간의 경험 중에서 타인과의 관계가 성장을 촉진하거나 반대로 장애를 주는 작용을 한다는 것이다.

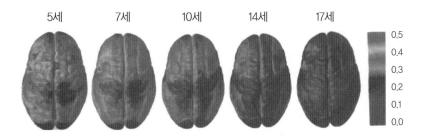

인간의 지능발달은 20세 전후는 계속 상승하다가 중년에는 평행선을 걷다가 50세를 지나면서 하강 상태로 접어들고, 70~80세가 되면 점점 저하되는 상태에 이르게 되지만, 개인차가 크므로 사람마다 다르게 나타난다.

넷째, 인간 발달은 곧 인간의 성장을 의미한다.

성장하는 삶을 살기 위해서는 마음의 창을 열고 자신 속에 숨어 있는 에너지를 활용할 줄 알아야 한다.

마음이란 인간 생명의 근원이자 보이지 않는 에너지이다. 성장하는 삶을 살기 위해서는 자신의 마음을 잘 다스리고, 깊고, 넓게, 아름답게, 펼쳐나갈 수 있는 능력을 키워야 한다.

마음속 숨어 있는 마음의 창을 열어야 에너지가 움직인다. 인간의 성장 과정에서 자기 마음속 깊은 곳에 숨어 있는 성장동력을 찾기 위해서는 마음의 창을 열어야 한다. 마음의 창을 여는 데는 어떤 대가가 필요하지 않다. 그저 열기만 하면 아름답고 놀라운 세상이 펼쳐질 수 있다는 것이다.

우리의 마음은 우리를 건강하게 사랑과 활력으로 넘쳐나게 할 수 있는 힘을 가지고 있다. 마음은 육체의 뿌리로서 우리 안에 있는 신비의 생명력이다. 마음은 우리의 감각으로는 확인할 수 없는 것을 대신하는 것으로써, 마음은 느끼지만 볼 수는 없다.

마음의 습관은 아무런 대가를 요구하지도 않고, 내 마음속에 저장하고 활용할 수 있는 생각과 행동의 원천이며 힘으로 작용한

다. 행복한 마음은 행복을 창조하고, 건강한 마음은 건강을 창조
한다는 것이다.

마음의 문을 열고

마음의 빛으로 세상을 보라
눈으로 보는 빛은 빛일 뿐이다
마음의 빛은 눈에 보이는 빛에 더하여
보여지는 깊고 순수한 내면의 빛이다

우리가 눈으로 볼 수 있는 강렬한 빛은 햇빛이다
그 빛은 지구뿐 아니라 온 은하계를 골고루 비춘다
마음의 빛은 한 순간에 더 빠르게 가장 강렬한 빛으로
한 눈에 무엇이든지 다 볼 수 있다

신기하고 온전하게 마음을 잘 다스리면
마음의 빛은 지혜로운 새 빛으로 변한다
마음을 크게, 넓게, 깊게, 평온하게 다스려라
일시적인 감정의 노예가 되지 않도록
마음을 잘 다스려야 빛이 되고 성장의 불씨가 된다

― 저자의 메모 중에서

마음에 관한 선현의 말씀을 귀담아들어라.

노자

마음은 정신의 주인이 되고 고요함과 움직임은 모두 마음에 따른다. 즉, 사람의 모든 행동은 마음에서 비롯된다.

퇴계

어짐과 지혜를 얻기 위해서는 마음의 상태를 평안히 하여 깊이 읽고, 자세히 생각하며, 거듭 몸에 익힘으로써 인(仁)과 지(知)의 두 글자의 뜻을 분명히 해야 한다.

마음은 계곡에 흐르는 물이 웅덩이에 고여서 흔들리지 않고 물결이 전혀 없는 것과 같다.

마음은 하늘과 같은 본질이라면 구름과 비, 폭풍우는 감정과 같다.

파탄잘리

생각의 파동은 고요할 때에만 지고한 상태에 들어설 수 있다.

스티브 잡스

자기가 세상을 바꿀 수 있다고 생각한 만큼 미친 사람들이 결국 세상을 바꾼다. 매일 최후처럼 살면 어느 날 분명히 절대가 될 것이다.

다섯째, 성장의 주인공은 나 자신이다.

자기 자신을 알고 자기가 주인 되는 삶이 성공의 열쇠가 된다. 인간의 삶은 한 번뿐이다. 하지만 사람들은 지나간 순간순간의 삶을 두 번 다시 경험하지 못하게 되는 엄중한 현실을 알지 못하고, 하루하루를 남이 하는 대로 따라서 살고, 떠밀려 살아온 경험으로 살아간다. 저자도 다른 사람과 마찬가지로 자신의 참된 삶의 의미와 정체성을 인생의 후반기에 와서야 깨닫게 되었다. 후회되기도 했지만, 지나간 세월은 되돌아오지 않는다. 자기가 자신의 주인이 되는 삶을 자리 잡는 데는 많은 시간과 노력이 필요하다. 따라서 성장의 주인공으로서 삶의 책임은 어릴 때부터 가르쳐야 한다. 어릴 때부터 자발성을 키워 자기 주도적 성장의 지혜와 용기를 갖도록 함이 바람직하다는 것이다.

그래서 성장하는 삶을 살기를 원한다면 개인차를 인정하고 성장을 이끌어 내기 위해서 어릴 때부터 부모님이나 선생님의 지도가 필요함은 말할 필요가 없다.

인간의 성장은 유전과 환경, 후천적 학습과 경험에 영향을 받게 되는 다양하고 복잡한 생물학적 개별성과 특수성을 가진 신비의 존재이다. 따라서 인간성장에 관한 보편적이고 공통적인 가이드라인을 찾기는 매우 어렵고, 또한 많은 변수가 관련되어 있다고 볼 수 있다.

　지금까지 인간이 이루어 놓은 인류문명의 성취와 창조는 놀랄 만큼 발전했음에도, 정작 인간 자신에 관한 연구는 인간성장의 개별성과 특수성, 잠재성과 가능성, 그리고 뇌에 숨어 있는 신비로 인하여 베일에 싸여있는 상태에 머물고 있음은 안타까운 일이다. 이것이 인간성장의 비밀이라고 말할 수 있다. 저자는 이러한 인간성장의 비밀을 파헤쳐 보려는 호기심에서 시작하였으나 막상 시도를 해보니 너무나 많은 지식과 경험, 그리고 관련 분야 전문가와 학자의 도움이 필요함을 알게 되었다.

5. 사람의 성장은 무엇에 비유할 수 있는가?

　루소는 식물은 재배를 통해 가꾸어지며, 인간은 교육을 통해 만들어진다고 말하였다. 인간 성장은 인간의 발달을 의미한다.

　인간 발달은 태어나면서 죽음에 이를 때까지 전 생애에 걸쳐 유연성을 가지고, 개인과 환경 간의 상호작용에 의하여 복합적으로 이루어진다. 즉 인간은 신체적, 정신적, 사회적으로 구성된 통합적 구조이다.

첫째, 인간성장은 식물에 비유할 수 있다.

식물은 밭에 씨앗을 뿌리면, 싹이 트고 잎과 줄기가 자란 후 꽃을 피우고 열매를 맺어 폭풍우와 재해가 와도 이를 극복하고 종족보존의 책임을 다하면서 계속 성장하고 살아간다.

인간도 어머니 뱃속에서 식물의 씨앗과 같이 태어나게 되고, 자라면서 생각과 행동으로 정체성을 찾아 자신의 목표를 이루고 자식을 낳아 종족 보존의 열매를 남기게 된다.

식물은 모이게 되면 서로 서로 삶에 열정을 더한다. 식물은 자라면 열매 맺음에 주저하지 않는다. 사람은 어떤가? 식물과 사람은 지능과 감성, 환경조건 면에서 많은 차이를 보여준다. 식물은 사람에 비하여 유전적 요인이 크게 작용하는 반면, 인간은 유전적인 면보다 환경적 여건이 더 많이 작용한다고 볼 수 있다.

인간은 식물과 비유할 수 없는 신체적 정신적 조건을 구비하고 있다. 인간은 학습할 수 있고, 자유로이 이동할 수 있는 환경적 삶의 조건을 구비하고 있다. 또 병이나 불안, 공포 등으로부터 치유 받을 수 있는 약이나 병원 등 자유로운 선택의 공간을 갖고 있다.

인간이야말로 하나님이 주신 이 세상에서 가장 선택받은 사랑과 복과 함께 특권을 누리고 있다.

둘째, 인간성장을 수레바퀴에 비유할 수도 있다.

인간은 태어나서 죽음에 이르기까지 멈추지 않고 달려가는 수레바퀴에 비유할 수 있다. 인간은 태어남과 동시에 성장본능과 창조본능의 두 개의 수레바퀴를 가진 역동적인 존재이다. 성장본능은 자기를 바로 세워 성장하려는 한쪽의 바퀴이고, 창조본능은 자기가 좋아하고 즐겁게 잘 할 수 있는 일을 찾고 선택하여 성취나 창조에 이르기를 바라는 수레바퀴라고 말할 수 있다. 두 개의 수레바퀴는 균형과 조화를 이루면서 한 몸이 되어서 달려가는 동태적 삶의 과정으로 비유된다.

따라서 사람의 성장은 멈추지 않고 달려가는 정신과 신체가 조화된 균형 속에서 미래를 향하여 달려가는 수레바퀴에 비유될 수 있다.

두 개의 수레바퀴는 상호보완적이며, 분리할 수도 없고, 한쪽 바퀴가 금이나 고장이 나게 되면, 멀쩡한 다른 쪽 바퀴마저 사용할 수 없게 된다.

2

인간성장에 관한
숨어 있는 비밀이란 무엇인가

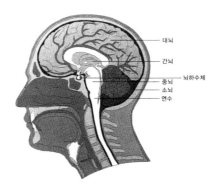

대뇌
간뇌
중뇌　뇌하수체
소뇌
연수

　인간성장에 관한 숨어 있는 비밀을 캐는 것은 경이로운 인간탐
구의 영역에 속한다.

　인간은 이 세상에서 살아있는 생물 중에서 가장 매력적이고 가
능성 있는 창조적인 가치를 가진 신비의 존재라는 것이다.

　이 신비의 존재자가 독자 자신이라는 사실을 이 책을 읽기 전에
알고 들어가야 신비의 문이 열리게 된다.

　인간성장의 숨어 있는 비밀이란, 첫째, 인간성장의 가능성과
잠재성, 둘째, 인간성장을 이끌어 내는 뇌에 숨어 있는 신비의 비
밀, 셋째, 인간의 내면 속에 있는 열정의 에너지, 넷째, 인간성장
과 관련된 환경 등 다양한 맥락을 찾아서 신비의 베일을 찾아보
고자 한다.

1. 가능성과 잠재성이 성장과 변화를 일으킨다.

인간은 무한한 가능성과 잠재성을 지닌 복잡한 존재이며, 성장 단계에 따라 끊임없이 생각하고 행동하며, 환경과의 상호작용으로 개별적이고 역동적으로 성장하는 신비스러운 존재이다.

어머니 뱃속에 잉태하고 있는 태아나 지금 막 태어난 갓난아기, 유치원이나 초등학교에 입학한 아이, 중·고등학교에 다니는 학생까지, 이 아이가 자라서 장차 어떤 사람이 될지는 아무도 알지 못한다. 성장하는 어린이야말로 무한한 가능성과 잠재성을 지닌 위대한 존재요, 성장의 꽃임에 틀림없다.

인간성장 과정을 보게 되면 유년기부터 노년기에 이르기까지 동일형태의 직선적으로 성장하는가 하면, 사람에 따라 유연성을 가지고 뛰어넘을 수도 있다는 것이다. 따라서 인간성장은 인류학자, 심리학자, 사회학자, 신경과학자, 유전학자, 인문과학자 등 많은 학자가 힘을 모아야 종합적인 연구가 이루어질 수 있다. 또한 성장은 연령적 영향, 역사적 영향, 환경적 영향 등 다양한 맥락에서 이루어짐을 알 수 있다.

성장은 유전과 환경, 교육적·심리적 과정을 거치면서 생각과 행동을 통해서 이루어진다. 인간 개인은 인지적 능력과 성격·신념·태도·신체적 특징으로 구성되어 있다. 따라서 인지적 과정의 학습은 다양한 경로를 통해서 다양한 가치관, 인생관, 세계관을 형성하게 된다. 이것이 인간성장의 개별성과 특수성이다. 그러므로 인간성장 과정에서는 학교 교육도 중요하지만, 자연환경이나 사회교육을 통하여 배워야 할 지식과 지혜가 너무나 많다.

성장의 가능성과 잠재성은 경계가 없는 무한한 가능성을 지닌 개개인의 독특한 공간이며, 인간성장의 개별성과 특수성이 숨어 있는 잠재력이라는 점을 감안해 "인간성장의 비밀상자"라는 용어를 사용해도 무리가 없다는 생각을 한다.

또한 인간이 지닌 언어와 행동은 너무 복잡하고 다양해서 유전과 정보의 한계를 뛰어넘고 있으며, 성장에는 성장, 유지, 상실의 3가지 기능이 포함된다.

2. 뇌 속에 숨어 있는 신비의 세계

인간성장에 관련된 뇌 속에 숨어 있는 신비의 비밀은 경이로운 인간탐구의 영역이라고 보는 것이 분명하게 느껴진다.

생물학자이자 생화학자인 제임스 E. 줄은 신체의 다른 부분들이 자연스럽게 변하고 성장하는 것처럼 뇌도 자연스럽게 성장하고 변한다. 뇌의 변화는 부분적으로 유전자에 의존하는 것이지만, 또한 어떤 부분에서는 유전이 아니라 신체와 세포에 일어난 일들에 기인한 후생적·경험적 사건들이 각 개인의 고유한 뇌를 만든다고 하였다.

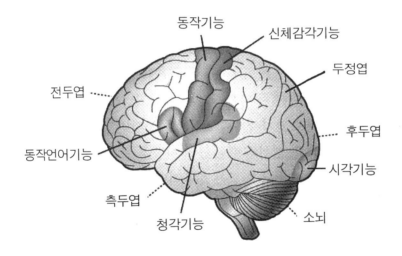

글로벌사이버대학교 이승헌 총장(조선일보특집 2020.5.25.)은 "뇌 교육을 통해 신체적, 정신적 변화가 가능할 뿐만 아니라 삶의 근본적인 인생관과 세계관까지 변화하는 사례가 많다."고 하면서 "뇌 교육은 뇌 훈련이 아니라 인간의 내면 가치를 발견하고 실천으로 이끄는 데 의미가 있다."고 하였다.

두뇌 지도에 의하면

뇌의 제일 바깥층에 해당하는 신피질은 크게 4개의 엽으로 나눌 수 있다.

전두엽은 이성적이고 논리적인 생각을 진행하는 기능을 행하며, 두정엽은 감각집중과 몸에 대한 느낌제어, 특별한 기술과 언어 일부를 제시하며 후두엽은 시각정보를 처리하고, 측두엽은 언어와 얼굴인식, 특정한 감정을 처리한다.

좌뇌는 수렴적 사고를 담당하는 하나의 사고에 집중하는 능력으로써 모든 불일치를 무시하고 논리의 틈새를 어떻게든 메워서 "나"라는 하나의 느낌을 만들어낸다. 우뇌는 발산적 사고를 담당하며 상상력과 직관이 뛰어나고, 흩어진 정보를 모아 전체상황을 판단한다.

뇌에 관한 연구결과

사람의 정신은 100조 안팎의 세포를 가지고 있으며, 그것은 전 세계 인구의 두 배나 되는 숫자이다. 이 세포들은 모두 연결되어 있는데, 그것을 지배하고 통제하고 조화시킬 수 있는 것은 긍정적인 정신자세에 달려있다.

「뇌를 변화시키면 공부가 즐겁다」의 저자 제임스 E. 줄은 "우리는 우리 모두에게 가치 있고 삶의 도움이 될 수 있는 것들은 아주 잘 해내는 뇌를 지니고 있다. 이것은 우리가 타고난 재능과 뇌를 변화시키는 기술은 학생들이 기존 신경세포방을 알아내고 그것을 학생들이 사용하게 할 수 있는 방법을 창안해 내는 것이다"라고 말한 바 있다.

시냅스

사람이 사용할 수 있는 세포의 수는 50조인데, 뇌에 있는 신경세포로 이루어진 뉴런의 개수는 수천억 개로, 수백조의 시냅스로 연결을 만들어 낸다. 사람이 타고난 천성은 스스로 자기의 시냅스를 바꿈으로써 변화시킬 수 있다. 깨어 있거나 생각에 잠겨 있거나 아무 생각이 없을 때에도, 신경전달 물질이 끊임없이 분비되고, 이 순간 수천억 개의 시냅스가 활동하고 있는데, 어떤 시냅스가 형성되는가에 따라 인생이 결정된다는 연구결과이다. 따라서 시냅스는 사용할수록 더 강해지며, 신경세포에 자주 불이 켜지면 더 새롭고 유용한 연결을 찾아내는 새로운 가지가 자란다고 한다.

도파민

뇌에서 분비되는 도파민은 뇌를 각성시키며 집중과 주의를 유도하고 쾌감을 일으키며 삶의 의욕을 솟아나게 하고, 창조력을 발휘하게 하는 신경전달물질로서 심장박동수와 혈압을 증가시키며, 집중, 쾌감, 의욕, 창조력은 체험할 때에 나타나는 대표적 특징이다.

뉴런

인간의 두뇌에는 일천억 개에 달하는 뉴런이 곳곳에 분포되어 뉴런 사이로 연결되는 통로의 수는 이보다 더 많다. 배울 때마다 뉴런이 강화되면서 변화한다.

신경과학자 딘 버넷은 뇌 과학에서 절대 불변이란 사실은 없다고 주장하면서, 그 이유는 현재는 옳다고 믿는 사실이, 몇 달 후에는 새로운 연구나 실험에 의해 변경될 수 있다는 뜻이다.

이처럼 뇌에 관한 연구는 신비에 가려져 있으며, 연구해야 할 분야가 너무나 많다는 것과 현대과학의 문명 발전에 비하여 아직도 미개발한 분야가 많이 있음을 말해주고 있다.

학습과 뇌의 발달

두뇌 기능 중 학습기능은 성장과 관련된 중요한 학습기관이며, 학습은 뇌의 변화이고 우리 자신의 변화인 것이다.

인간의 마음의 실체는 심장이 아니라 두뇌에 있으며 두뇌는 본능이 아닌 학습에 의해서만 발달하므로 학습을 통해서 얼마든지 개선될 수 있다고 한다.

또한 사람이 다른 동물에 비해 유년시절이 긴 것은 학습을 통해 두뇌를 발달시키기 위해서다. 만일 유년기에 학습하지 못하면 비유전적인 정보의 영향을 많이 받게 된다.

인간의 뇌는 성인이 된 후에도 새로운 기술이나 지식을 습득할 때마다 수시로 변한다.

학습의 진전은 학생들에게 자신감을 주고 학습에 흥미를 갖게 만들며 학생들은 진정으로 기쁨을 갖게 되고 그것을 유지하고 싶어 한다.

두뇌를 사용하고 몰입하게 되면, 그 분야에 대한 뇌가 발달한다. 인간의 뇌는 무언가를 배울 때마다 뉴런의 연결이 강화되면서 변화한다.

「뇌를 변화시키면 공부가 즐겁다」의 저자 제임스 E. 줄은 "교육기술은 뇌를 변화시키는 기술"이라고 했으며, 뇌과학자 모기 겐이치로는 "인간에게 학습이란 가치 있는 행위이며, 뇌를 기쁘게 하기 위한 최대 쾌락"이라고 하였다.

「공부에 미친 사람들」의 저자 김병완은 "누구나 효과적이고 즐겁게 공부하려면 학문도 예술도 나를 온전히 잊는 몰입 속에서만 빛나는 성취를 이룰 수 있다"고 하였다.

3. 내면에 있는 열정의 에너지가 성장을 이끌어낸다

인간성장에 관련된 숨어 있는 비밀을 캐는 것은 경이로운 인간 탐구의 영역이다. 인간은 이 세상에서 살아있는 생물 중에서 가장 매력적이고 가능성을 가진 창조적 가치를 소유한 신비의 존재물이라는 것이다.

이 신비의 존재가 나 자신이라는 사실을 먼저 알아야 한다.

저자는 이 글을 쓰기 전까지는 성장 자체가 무엇이며, 성장의 비밀이 무엇인지에 대하여 알지 못하고 살아왔다. 학교에서도, 어느 누구도 가르쳐 주지 않았고, 알고 싶다는 생각도 못 하였으며, 주어진 환경 속에서 남이 하는 대로 따라온 삶이었다고 생각된다.

인간은 무한한 가능성과 잠재성을 가진 '성장의 보물상자'를 자신 속에 가지고 매일매일 생각하고 선택하고 행동하며 살고 있다. 하지만 많은 사람들은 그 가치의 소중함을 알려고도 하지 않고 그 가치의 소중함을 느끼지도 못하고, 어려운 문제에 직면했을 때에는 머리가 안 돌아간다든가 IQ가 낮다는 등의 핑계를 한다.

지나온 삶의 과정에서 얻게 된 소박한 경험과 함께 관련된 글들을 모아 성장의 비밀상자에 담아, 이 글이 독자로 하여금 공감을 얻어, 성장의 비밀상자를 스스로 열어가는 자기 주도적 성장을 추구하는데 초점을 맞추고자 한다. 일을 저지르는 자가 있고 정돈하는 자가 있듯이 내 마음속에서 울림으로 시작된 작은 단초가 메아리가 되어, 언젠가 해와 달을 만나 작은 흔적으로 씨앗을 남기게 될지도 모른다는 생각으로 성장의 문을 두드려보기로 하였다.

이와 같은 성장의 빛을 보게 되는 당돌한 꿈이 한꺼번에 이루어지지 못할지라도 일을 시작하고 보면 다음 세대에 누군가가 더 나은 성취를 이루는데 보탬이 될 수도 있다는 기대를 해본다.

그런데 비밀 상자 속에 숨어 있는 신비의 영역은 찾기가 쉽지 않고, 연구개발 할 분야가 너무나 많다. 그러나 그것을 알고 싶은 저자의 관심과 열정을 멈출 수가 없었으므로 인간성장에 관련된 요인이 무엇이며, 어떻게 하면 성장하는 삶의 꿈을 이룰 수 있을까 하는 호기심에서 출발하였다.

세계적인 성공학 연구자인 나폴리언 힐은 "당신의 정신은 우주의 위대한 경이로운 창조물이다. 당신의 열정, 본능, 성향, 느낌, 기분, 태도, 습관 등은 당신이 그 목적을 위하여 자유로이 이용할 수 있는 당신의 소유물이고, 하나님이 인간에게 주신 특권"이라고 말한 바 있다.

성장하는 삶을 살기 위해서는 마음의 창을 열고 자신 속에 숨어 있는 에너지를 활용할 줄 알아야 한다고 하였다.

성장하는 삶을 살기 위해서는 자신의 마음을 잘 다스리고 깊고 넓고 아름답게 펼쳐나갈 수 있도록 능력을 키워야 한다.

마음이란 생명의 근원으로서 보이지 않는 에너지이다.

성장 동력은 능력을 키우는 것이다. 마음의 창을 여는 데는 어떤 대가를 요구하지도 않고, 열기만 하면 아름답고 놀라운 세상이 자기 앞에 펼쳐지게 된다. 우리의 마음은 우리를 건강하게 사랑과 활력으로 넘쳐나게 할 수 있는 힘을 가지고 있다. 마음의 습관은 내 마음속에 저장하고 활용할 수 있는 생각과 행동의 원천이며 힘으로 작용한다. 행복한 마음은 행복을 창조하고 건강한 마음은 건강을 창조한다.

4. 인간성장과 관련된 환경

인간성장과 관련된 환경의 영역은 가정, 학교, 사회의 세 영역으로 분류된다.

가정환경

어릴 때 가정은 학교이고 부모는 선생님이다.

교육은 적절한 환경 구성에 의하여 내재적 성장 가능성을 최대한 성장시키는 작용이라는 관점에서 가정환경의 문제는 대단히 중요한 의미를 지닌다. 인간이 성장발달과 적용의 과정에서 성장 초기에 환경이 차지하는 비중이 너무나 크다. 인간의 지적, 정서적, 사회적 특성의 상당 부분이 어린 시절에 이루어지며, 그것은 가정의 환경에 따라서 크게 좌우된다는 것이다.

학교환경

자라나는 아동과 청소년들은 상당히 많은 시간을 학교에서 보내게 된다. 그들은 하루의 대부분을 가정과 학교에서 생활하고, 많은 시간을 보내는 만큼 가정과 학교의 영향을 받으며 성장하고 발달한다. 학교 교육을 통하여 지식과 개성, 적성이 길러지기 때문에 정체성 형성과 더불어 미래를 준비하는 과정으로써 학교환경은 중요한 역할을 담당하게 된다.

사회 환경

사회 환경은 개인을 둘러싸고 있는 물적, 제도적, 문화적, 인적인 제반 자극과 조건의 집합체이며, 그것은 개인의 사회적 학습을 촉진하거나 저해하는 작용을 한다.

학교에서 배운 것이 사회적 환경의 거울로써 상호 긍정적 작용을 하게 되면, 학교에서 배운 학습이 더욱 촉진제 역할을 할 수 있고, 부정적으로 작용하게 된다면 학교 교육에서 배운 것을 효과적으로 활용하지 못하게 된다.

위와 같은 가정, 학교, 사회의 영역이 교육환경과 어떤 관련이 있는지 알아본다.

첫째, 신체적 발달은 기본적으로 유전적 요인이 크게 작용한다.

그러나 영양 상태, 위생 상태, 운동의 기회에 따라 신체의 발달은 정도의 변화가 일어난다.

둘째, 지능과 적응력, 창의력은 지적풍토, 문화, 언어에 따라 지적 능력을 촉진하는 환경 변인으로 작용한다.

셋째, 동기유발이나 학습조건에 따라 학력이 변화하는 양상을 나타낸다.

넷째, 사회적 풍토, 집단성격, 가치체계에 따라 인간의 성격 형성에 변화를 일으킨다. 「정원식 저 인간의 환경에서」

3 인간은 왜 성장을 멈추고 패배의 길을 걷는가?

　인간은 태어나서부터 삶을 지속하는 동안 연령과 관계없이 성장을 향하여 달려가는 고독한 존재이다.

　무엇보다 건강을 지키지 못하면 성장의 길은 멈출 수밖에 없다. 삶의 과정 속에서 천재지변이나 불운을 만나 일시적으로 성장을 멈출 수도 있다. 천재지변이나 비극적 불운을 만났을 때 자기 스스로 극복할 수 있는 의지가 없다면 자신을 지켜 줄 수 없게 된다.

　성공과 실패는 동전의 앞뒤와 같다고 한다. 성장 과정에서 불운이나 실패의 경험을 하더라도 자신이 그것을 받아들이는 마음의 태도에 따라서 확연히 다른 삶을 살 수 있다. 우리는 실패를 극복하고 일어선 천재적 예술가, 경영인, 정치가, 의사와 간호사, 사회사업가의 예에서 성공적인 삶을 산 사람을 많이 볼 수도 있다.

어떤 경우에도, 어떤 불운에도 꿈과 희망을 키우고 긍정적으로 무장하여 삶을 포기하여서는 안 된다. 따라서 어릴 때부터 긍정적으로 생각하고, 좋은 습관을 기르도록 부모님이나 선생님의 가르침이 아주 중요한 것이다.

성장을 멈추고 패배의 길을 걷는 것은 누구나 원하는 바는 아니지만, 그 과정을 통해 성장을 촉진하는 요인과 성장의 불확실성 요인을 알고 내면의 지혜를 키우게 되면 성취와 창조의 꿈을 실현할 수 있다.

성장의 세부적인 실천맥락은 이어지는 2부와 3부와 4부를 참고하기 바란다.

1. 성장을 촉진하는 요인(성공 요인)

초기 성장 과정 중 유아기부터 청소년기가 가장 중요한 성장 시기에 속한다. 부모님이나 교사의 양육과정과 지도가 성장의 가장 중요한 자양분으로 작용한다.
- 성장의 꿈을 키워주고 긍정적인 마인드를 갖게 한다.
- 호기심을 길러주고, 잘하는 것은 칭찬하고, 잘못하는 것은

그때 바로 잡아라.

- 지나친 간섭과 잔소리는 성장의 꽃을 피우는데 역작용을 한다. 생각의 가지를 꺾지 말고 자유롭게 움트게 하라.
- 좋아하고 즐거워하는 일에 좋은 습관이 이어지는 분위기를 만들어 주라.
- 자기 스스로 삶의 주체이고 책임감을 갖도록 질문하고 깨우쳐 주라.
- 실패했을 때도 격려해 주고 교훈이 되는 점을 스스로 찾도록 키워라.
- 어떤 경우에도 마음의 상처가 주어지지 않도록 하고 용기와 희망을 갖게 하라.
- 기회는 얼마든지 찾아온다. 다만 그 기회를 감지하지 못하고 있을 뿐이다.

2. 성장의 불확신 요인(실패 요인)

감수성이 강한 청소년기에는 부모님이나 선생님의 말 한마디가 바람직한 성장의 계기를 마련할 수도 있고, 또한 순간적인 잘못이나 실수가 상처로 이어져 회복할 수 없는 지경에 이를 수도 있다.

- 자만심은 금물이다.

  자만심이 커지면 고집불통, 상대방 무시, 남의 말을 듣지 않으며, 소통과 대화가 무너진다.
- 참을성을 갖지 못하면 감정이 폭발될 수 있고 마음이 흔들리고 불안한 상태가 계속될 수도 있다. 이럴 경우 엉뚱한 생각을 하게 되어 일을 저지를 수 있다. 사기범, 마약범, 성범죄 등으로 인하여 자살로 이어지는 경우도 있을 수 있다.
- 깊은 생각 없이 생각나는 대로 말하고 행동하게 되면 남으로부터 신뢰를 받지 못하고 업신여김을 받을 수 있다.
- 자기 결점을 되돌아보지 않는 사람은 실수하고 난 후 후회가 계속될 경우 결점만 쌓여 앙금으로 남게 된다.
- 실패와 역경을 극복하고 재기하지 못하는 사람은 실수를 연발할 가능성이 있고 자신을 나약한 사람으로 생각한다.
- 자기 자신에 대한 믿음을 쌓지 못하면 자신감이 생기지 않고 친구나 동료로부터 마음을 얻기 힘들다.
- 어떤 문제나 상대방의 삶의 진실을 제대로 알지 못하고 선입견과 편견을 가지고 사태를 오판하게 된다면 상대방을 무시하게 된다.

같은 학교, 같은 연령, 같은 환경에서 함께 공부하고 같은 경력을 쌓았는데 성공한 사람과 그렇지 못한 사람과의 차이점은 어디에서 나온다고 생각하는가?

　저자는 그것을 내재적 삶의 태도확립과 "내면의 지혜"에서 찾을 수 있다고 본다. 내재적 삶의 태도확립과 내면의 지혜에 관한 세부적인 설명은 제2부를 참고하기 바란다.

제2부

내 안에 살아 숨 쉬는
성장의 맥락을 찾아라

교육의 본질은 지식의 축적에 있는 게 아니라
마음의 지혜와 능력을 키우는 데 있다. (펄벅 1892)

교육적 성장에는 창조적 성장 패러다임의 맥락이 있음을 발견하고,
그것을 유용하게 활용하기 위하여 내재적 삶의 태도 속에 숨어 있는
내면의 지혜를 키우는 데 있다.

① 교육적 성장에는 창조적 성장 패러다임이 존재한다

1. 교육적 성장 패러다임 찾기

인간이 삶의 과정에서 공통적으로 경험하게 되는 '교육적 성장'이란 무엇인가? 인간 발달과 변화의 상호관계를 찾아보기 위하여 인간성장과 관련된 인간 발달이론, 심리학, 교육학, 교육철학, 인류학, 사회학, 뇌 과학 등에서 나름대로 '교육적 성장 패러다임'이 존재하는지 성장맥락을 찾기로 하였다.

그러나 교육적 성장 패러다임과 유사한 성장의 맥락은 학문적으로 연구된 결과를 찾기는 어려웠으므로 저자 나름대로 찾아보기로 하였다.

교육에서 성취되는 배움과 앎, 자아의 발견과 실현, 인간성장과 발전은 교육의 내재적 가치이며 이러한 인간을 성장시킴으로써 정치적, 경제적, 사회적, 유용한 인물을 배출할 수 있다는 명제 앞에서 저자의 꿈인 '교육적 성장 패러다임의 발견'이 실상으

로 남아 앞으로 관련 연구를 하게 되는 후학들에게 작은 단초가
되어 흔적으로 남게 된다면, 저자의 노력이 헛되지 않을 것으로
생각된다.

이러한 연유로 교육적 성장의 새로운 패러다임을 찾기 위한 노
력을 멈출 수가 없었으므로 고심한 결과 다음의 5가지 이론적 근
거를 배경으로 삼았다.
첫째는 교육철학과 교육사상, 교육의 목적과 방법을 중심으로
둘째는 인간 발달과 인간행동의 특성에서
셋째는 인간욕구의 계층이론에서
넷째는 성장으로의 교육관에서
다섯째는 오쇼의 「네 멋대로 살아라」의 이론적 근거자료에 저자
가 생각하는 의도적이고 주관적인 성장에 관한 질문과 답변을 더
하여 종합적인 인간성장 과정에 일어나는 변화의 맥락을 연결하
면 다음과 같다.

5가지 이론적 근거에 대한 세부적인 설명은 다음 2항에 이어
진다.
첫째, 올바른 삶의 태도로 성장의 방향을
둘째, 자신이 좋아하고 하고 싶은 일을 찾아 일관성과 계속성
을 다하여 열정을 바쳐 목표에 집중하게 되는 에너지의 힘으로

셋째, 설렘과 울림의 깨달음으로 놀라운 성장의 변화가 일어나고

넷째, 마침내 삶의 최고 목표인 성취와 창조라는 열매를 맺게 되어 삶의 존재감을 나타내게 되며

마지막으로 영혼의 성숙으로 행복한 인생을 맛볼 수 있는 이상적인 삶의 모습을 기대할 수 있다는 "교육적 새 성장의 패러다임"이다.

아인슈타인이나 스티브 잡스 등 천재성을 가진 분들은 연령에 따라 성장한 것이 아니라고 말한 바 있다. 인간성장의 패러다임을 성장 과정에서 적절히 활용하기만 한다면 삶의 궁극적 목표인 성취와 창조에 이를 수 있다는 가정에서 출발하였다.

인간성장의 과정 중 일어나는 삶의 연결 맥락과 연결되는 새 교육적 성장 패러다임

아는 자	(知)	⇒	삶의 태도	⇐	본능으로 삶	_	성장의 방향
좋아하는 자	(好)	⇒	삶의 에네지	⇐	지성으로 삶	–	성장의 힘
즐기는 자	(樂)	⇒	삶의 맥락	⇐	직관으로 삶	–	성장의 변화
성취하는 자	(成就)	⇒	삶의 꽃과 열매	⇐	존재로서 삶	–	성장의 열매
행복한 자	(幸福)	⇒	영혼의 성숙	⇐	행복한 삶	–	성장의 혼

교육사상의 주요 내용과 삶의 과정에서 일어나는 교육목적 및 교육방법을 종합해 보면, 인간 본성과 도덕성을 바탕으로 아는 자(知), 좋아하는 자(好), 즐기는 자(樂), 그리고 흥미와 개성을 교육목적과 방법으로 일관된 주장을 펼침을 이해할 수 있다. 즉, 내재적 삶의 태도확립과 더불어 내면세계의 능력을 높이는 행위가 성장의 주요 요소로써 교육적 성장의 맥락으로 설명될 수 있음을 이해할 수 있다.

독자가 가진 내면의 개별성과 특수성, 잠재성은 성장 과정에서 점점 넓은 세계로 확장되고, 구체화 되어가는 과정에서 공통적으로 경험하게 되는 인간성장의 맥락으로 가정해 볼 수 있다는 저자의 견해이며, 이것이 성장의 힘으로 작용하는 내면의 지혜로써 성취와 창조로 이어질 수 있다는 것이다.

2. 교육적 성장 패러다임 성립의 이론적 배경

저자가 제1항에서 제시한 교육적 성장 패러다임이 존재한다는 가정 하에 연결맥락의 배경을 다음과 같이 설명한다.

교육목적 및 교육방법에서 찾기

공자(BC 551~479)는 지혜로운 사람은 미혹되지 않고, 어진 사람은 근심하지 않으며 용기있는 사람은 두려워하지 않는다.

배우고 때로는 이를 익히면 또한 기쁘지 않겠는가?

공자는 학이편에서 인간의 평생에 걸친 과업인 배우는 것의 즐거움을 역설하였다.

그리고 아는 자(知)는 좋아하는 자(好)만 못하고, 좋아하는 자는 즐기는 자(樂)만 못하다고 하였다.

미국의 철학자 존 듀이는 교육의 자주성, 자발성을 강조하고, 학습의 자유와 흥미를 강조하면서 과정에 몰입하는 내재적 삶의 태도가 습관화되면 인성교육도 창조성 교육도 이룰 수 있다고 주장하면서

열심보다 일을 좋아하는 자가 창조성이 높고

노력보다 흥미에 의존하는 것이 창조성이 높으며

수월의 문제는 능력의 문제가 아니라 과정에 대한 태도의 문제라고 하였다.

　교육적 성장의 새 패러다임을 찾는데 이론적 기초를 제공한 다섯 가지 내용 중에서도 동서양을 관통하는 두 분의 선지자를 소개한다. 이 두 분을 빼고는 교육적 새 성장 패러다임을 생각할 수 없을 만큼 중요한 사상적 단초를 제공하였다.

　공자(BC 551~479)는 중국에서 태어나 동아시아 전 문명권에 영향을 끼친 유교의 창시자이며, 인문주의 사상가이고 정치가이다.

　존 듀이(1859~1952)는 미국에서 태어나 현대 실용주의 철학학파 창시자 중 중심인물이며 기능심리학의 선구자, 미국 진보주의 교육운동의 대표자이다.

　두 분의 선지자가 인간을 바라보는 교육철학과 사상을 시대적으로 2500년의 간격을 두고 있음에도, 인간을 이해하고 판단하는 통찰력은 일맥상통함을 알 수 있다.

　동서양을 관통하는 두 분의 교육적 사상과 철학에 놀라움을 금치 못하며 감사할 뿐이다.

　존 듀이는 "성장은 경험의 성장인 동시에, 사고와 탐구능력 즉, 지력(知力)의 성장을 의미한다. 개인의 계속적인 지력과 경험을 도와주는 것이 민주주의 교육의 본질이자 목적이다. 교육의 과제는 개인의 특성과 사회적 목적의 조화를 이루는 데 있으며 흥미,

사고를 자극하고 유발할 수 있는 내용을 가르쳐야 한다"고 했다.

교육방법으로써 아동의 흥미와 경험을 바탕으로 창의적인 문제 해결 능력의 함양을 기본원리로 강조한 것이다.

이밖에도 루소, 코메니우스, 헤르바르트, 몬테소리, 닐은 교육 방법에 있어서 흥미와 개성을 강조하였다. 「조화태 외, 교육고전의 이해」

인간 발달에서

스탠포드대학교 심리학과 명예교수인 반두라는 "인간 발달은 개인과 환경, 그리고 행동의 3가지 요소가 상호작용한다"고 주장 하고 아래와 같은 모형을 제시하였다.

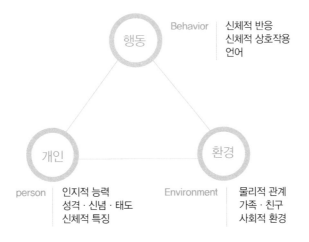

인간행동 특성에서

인간의 행동은 인지적 특성과 정의적 특성으로 구분할 수 있다.

2가지 특성은 인간행동을 이끌어내는 핵심적 요소이며 상호작용 관계로써 인지적 특성이 먼저이고 정의적 특성은 인지 후에 일어난다는 것이다.

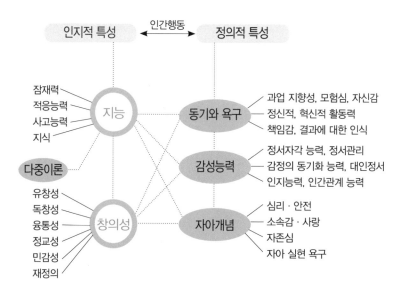

인생이라는 경기에서 계속 성장하고, 경쟁에 이기기 위해서는 인간이 가진 행동의 특성을 먼저 이해하고, 정의적 특성과 인지적 특성을 성장의 핵심 요소로 활용할 줄 알아야 한다.

인간의 욕구계층이론에서

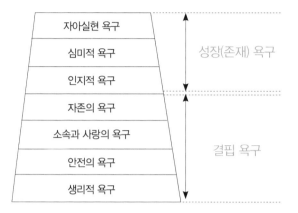

인본주의 심리학자인 매슬로우의 욕구계층이론은 인간의 욕구는 생리적 욕구, 안전의 욕구, 소속과 사랑의 욕구, 자존의 욕구인 결핍 욕구에서 순차적으로 인지적 욕구, 심미적 욕구, 자아실현의 욕구인 성장 욕구로 이행한다는 이론이다.

성장에 관한 교육관에서

존 듀이는 인간의 성장에 관한 교육관에서, 인간은 생명을 가진 유기체로서 삶의 과정 자체가 교육의 과정이며, 교육은 미래의 삶을 준비하는 수단이 아니라 그 자체가 삶의 과정으로써 의미를 지닌다고 강조하였다.

생활 속에서 부딪히는 외부환경과의 상호작용 속에서 자기의

경험을 현재의 경험과 결합시키고 재조직하는 과정을 통해, 사고
와 탐구의 능력을 키우게 됨으로써 성장을 이루어 나가게 된다고
주장하였다. 「이원희 저, 창의적 삶을 위한 대안적 학교교육과정 탐색」

오쇼의 네 멋대로 살아라에서

오쇼는 그의 저서 「네 멋대로 살아라」에서 사람은 아래와 같이
4단계를 밟으며 살아가야 한다고 주장한 바 있다.

1단계 : 본능으로 삶	- 자기 자신만의 의지를 품고 이용하는 육체로서의 삶
2단계 : 지성의 삶	- 위대한 거인으로 성장할 수 있는 마음으로의 삶
3단계 : 직관으로의 삶	- 우주 전체의 사람과 아름다움으로 가득한 가슴으로의 삶
4단계 : 푸리야	- 궁극의 것 영원한 삶을 살 수 있는 존재로서의 삶

단계별 삶을 위의 4가지로 구분하는 것은 큰 틀에서 의미 있는
삶의 단계적 모습을 보여주고 있다. 그러나 인간의 삶은 사람에
따라 단계별 모습이 다를 수도 있고, 시기의 구분과 연령에 따라
서 다를 수도 있다는 생각을 한다.

성장에 관한 질문과 답변에서

서울대학교 명예교수 정원식에 의하면, 인간의 본성에서 인간은 하나의 목적적인 피조물로 보고 미래를 지향하는 유기체로 간주한다는 것이다. 따라서 세상을 어떻게 바라보고 내면에 어떤 이미지를 품느냐가 우리 삶의 미래에 얻게 될 바를 결정한다고 한다. 자기 자신을 알고, 자기가 하고 싶은 일이 무엇인지 아는 것은 인생에서 절대 놓쳐서는 안 될 중대한 일이라는 것을 명심하라는 명언이다.

배철현은 나는 누구인가 자신의 내면의 소리에 귀 기울이고 내면의 소리를 듣기 위하여 혼자만의 시간을 가지고 내면의 목소리에 따라 선택하고 또한 내가 관심을 가져야 할 일의 우선순위는 무엇인가에 대한 해답을 찾아야 한다고 하였다.

위와 같은 자기성찰과 미래를 향한 목적 지향적 동기를 이끌어내어 내면의 소리에 귀 기울이고, 성장에 관한 근본적이고 기본적인 질문과 답변을 연결하여 정리한 결과 다음과 같이 5가지로 연결점을 이끌어낼 수 있다는 것이 저자의 생각이다.

질문 1   바람직한 삶을 살기 위해서는 어떤 삶의 태도를 가져야 하는가?

질문 2   자신이 좋아하고 잘 할 수 있는 흥미를 기르는 성장의 에너지는 무엇이라고 답할 수 있는가?

질문 3   나의 삶에서 깨달음을 통하여 영감이 주는 지혜는 무엇인가?

질문 4   나의 삶에 있어서 향기로운 꽃과 열매를 가져다 주는 것은 무엇인가?

질문 5   내가 바라는 궁극적이고 마지막 남기고 싶은 삶은 어떤 삶인가?

1항의 답변

긍정적인 정서를 함양하고 좋은 습관을 기르는 삶의 태도의 확립이 바람직한 삶이라고 생각된다.

2항의 답변

즐겁고 좋아하는 일을 찾아 신념과 열정을 다하는 도전하는 삶이라고 생각된다.

3항의 답변

느낌과 깨달음으로 가치와 영감을 얻어 맥락으로 연결되는 지혜로운 삶이라고 생각된다.

4항의 답변

실패를 딛고 일어서는 성취와 창조로 세상을 변화시키는 삶이 바람직한 삶이라고 생각된다.

5항의 답변

영혼의 성숙으로 행복을 더하는 삶이 마지막 소망이라고 생각
된다.

이 질문과 답변은 바람직한 성장을 이끌어내기 위한 의도적인
질문으로 독자는 나름대로 더 좋고 가치있는 질문과 답변을 더
할 수 있기를 기대해 본다.

② 내면의 세계와 지혜 찾기

1. 내면의 세계와 지혜의 중요성

내면성과 지혜에 관한

내재적 소질, 내적 능력, 내면적 충실, 내재적 삶의 태도와 지혜를 강조한 선지자를 소개하면 아래와 같다.

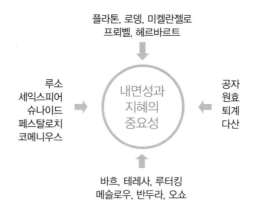

공자

아는 자(知)는 좋아하는 자(好)만 못하고, 좋아하고 즐기는 자

(樂)만 못한다.

　지혜로운 사람은 미혹되지 않고 어진 사람은 근심하지 않으며 용기 있는 사람은 두려워하지 않는다.

프뢰벨

　교육은 인간의 내재적 소질을 스스로가 발전시킬 수 있도록 돕는 것이다. 지혜를 구한다는 것은 인간 최고의 목적이며 인간이 결정하는 최고의 행동이다.

루소

　교육은 아동 자신들의 내재적 소질을 성장 과정에서 자연스럽게 발전시키는 것을 돕는 것이다.

플라톤

　학습자가 자기의 내면에 존재하는 이데아의 세계를 올바르게 상기하고 인식할 수 있도록 지원하며, 절제, 용기, 지혜의 덕을 조화롭게 갖추었을 때 개인에게 정의의 덕이 실현된다.

미켈란젤로

　강한 신념과 열정을 가지고 내면의 지혜로 무장된 사람만이 위대한 역사를 바꿀 수 있다.

원효

지혜를 계발하고 덕을 키울 수 있는 교육은 학생 스스로가 마음의 문을 열고 분석하는 <u>내적 발동</u>이 있어야 하며, 다음으로 만나는 것과 같은 외적 계기의 인연의 성립이 필요하다.

로댕

사물을 제대로 보기 위해서는 끈기 있게 <u>내면</u>을 오래 응시하면서 무겁게 닫혀있는 사물의 내부로 경건하게 들어가야 한다.

슈나이드

사고, 감정, 의지 등 <u>내적 능력</u>을 키워 기질에 맞는 교육을 해야 한다.

페스탈로치

교육목적에서 <u>내면의 힘</u>을 자극하여 도덕적 상태에 인간으로 변화시키고 가성시키는 것이다.

인간의 <u>순수한 지혜</u>는 자신과 가장 가까운 관계에 있는 사물에 대한 지식, 자신에게 가장 적절한 일들을 가장 능숙하게 처리하는 능력 등의 확고한 기초 위에 서 있다.

정약용

<u>내성적인</u> 실심 차원에서 실심은 성심을 가리키는 것으로써 내면이라는 공간을 들여다볼 수 있어야 고독과 만날 수 있다.

코메니우스

탁월한 마음에 <u>지혜와</u> 도덕의 씨앗을 뿌리지 않으면 변덕스러운 생각으로 가득 차게 되는 것이다.

헤르바르트

흥미의 다면성은 교육목적의 첫째 요소이다. 다양한 <u>내적 활동</u>을 균형적이고 조화롭게 경험할 수 있도록 하는 것이다. 성장의 문제도 전체 삶의 문제로부터 포괄된 연관성 속에 자리 잡고 있다.

퇴계

어짐과 <u>지혜를</u> 얻기 위해서는 마음의 상태를 평안히 하여 깊이 읽고, 자세히 생각하며, 거듭 몸에 익힘으로써 인(仁)과 지(知)의 두 글자의 뜻을 분명히 해야 한다.

반두라

인간 발달은 개인과 환경, 그리고 행동의 3요소가 상호작용한다.

「조화태 외, 교육 고전의 이해」

세익스피어, 바흐, 테레사, 루터 킹 같은

사람들의 내면이야말로 내면에 있는 가장 숭고하고 고상한 것을 표현함으로써 우리로 하여금 가장 숭고한 것을 체험할 수 있도록 해 준다는 것이다.

내면이야말로 진리와 이상, 숭고한 것을 찾을 수 있는 최고의 공간이다.

2. 성장을 꿈꾸는 내면의 힘은 내재적 삶의 태도 속에 숨어있다.

듀이는 내재적 삶의 태도로 올바르게 습관화를 이루는 것이 성장의 주요 덕목으로 보고, 과정에 몰입하는 내재적 삶의 태도가 습관화되면 인성교육도, 창조적 교육도 이룰 수 있다고 주장하였다. 열심보다 일을 좋아하는 자가 창조성이 높고, 노력보다 흥미에 의존하는 것이 창조성이 높다며 수월의 문제는 능력의 문제가 아니라, 과정에 대한 태도의 문제라고 하였다.

이어서 듀이는 성장이란?
인간으로서 역량을 키우는 것
아무리 힘들어도 내면의 진실함을 지키는 것
자신이 있고 싶은 곳이 아니라 있어야 할 곳에 있는 것

그리고 영혼을 성장시키는 것이라고 하였다.

성장을 꿈꾸는 내재적 삶의 습관화를 이루기 위해서는
첫째, 내면세계의 중요성을 인식한다.
둘째, 내재적 동기를 유발하고 이를 행동으로 옮긴다.
셋째, 내적 능력인 창의력, 집중력, 사고력, 판단력을 확장시켜 올바르게 습관화를 이루게 되면 내면 속 지혜의 힘으로 내재적 삶의 태도가 확립된다는 것이다. 따라서 성장을 꿈꾸는 내면의 힘은 성취와 창조를 이루게 되고, 아래와 같은 맥락으로 연결된다는 생각을 가정해 볼 수 있다.

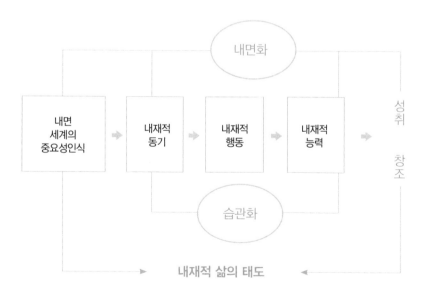

내재적 능력과 지혜 그리고 내재적 삶의 태도와의 관계

내재적 삶의 태도 확립과 내재적 능력과 지혜와의 관계는 상호 보완 관계로써, 내재적 삶의 태도 확립 없이는 내재적 능력과 지혜를 말할 수 없고, 내재적 능력과 지혜가 없는 내재적 삶의 태도 확립은 알맹이 없는 허구에 불과하다고 할 수 있다. 따라서 내재적 삶의 태도 확립 속에 숨어 있는 내재적 능력과 지혜가 인간 성장의 핵심적 가치로써 성장의 알파요 오메가로 설명될 수 있다.

내재적 삶의 태도 확립과 내재적 능력과 지혜와의 상호 관계를 이해하기 위하여 수박과 사람의 성장 과정을 비유해 본다.

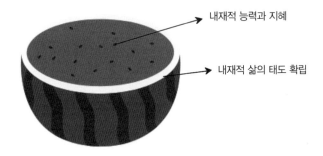

수박은 햇빛과 물을 만나 환경과 상호작용하면서 씨앗이 자라고 잎이 피고 꽃이 피면서 열매를 맺게 된다. 점점 성장하면서 겉은 단단해지고 속은 수박 겉의 역할에 힘입어 점차 익어가고 마침내 먹기 좋은 수박으로 자라며, 씨앗도 성숙되면서 수박의 겉과 속이 함께 잘 익은 존재감을 나타내게 되고 향기를 발하게 된다.

내면성에 관한 이해를 돕기 위하여 내면화란 무엇인가? 내재적 행동과 내적 동기, 내적 능력을 소개한다(정원식).

• 내면화(internalization)란

개인의 태도, 가치, 규범, 사고, 지식 등을 자기 자신의 것으로 수용하는 것으로서 지적 특성과는 달리 사고, 수술에서 학습되는 것이 아니라 내면화 과정 즉 감지, 반응, 가치화, 조직화, 성격화 과정을 거쳐 습득된다.

• 내재적 행동이란

인간 내부에 내재해 있는 것으로 추정되는 행동. 예컨대 상상, 사고, 태도, 가치관 등을 뜻한다.

• 내재적 동기란

학습자 스스로가 어떤 과제를 성취하고자 하는 동기로서 동기유발 방법으로 외적 동기보다 내적 동기가 강도가 높으며 효과적인 결과를 가져온다는 것이다. 예컨대, 공부하는 것이 즐겁고 좋아서 열심히 공부한다면, 그것은 분명 내인성 동기의 영향이라고 할 수 있다. 내적 동기는 기분이 좋고 기쁨을 주는 의식의 직접적 경험이라고 할 수 있으며, 외적 조건이나 인센티브에 의하지 않고, 자기통제 하에 있기 때문에 성취 자체가 기쁨을 주고 학습강화가 일어난다.

• 내적 능력이란

생각과 행동을 통해 감동과 자극을 받게 되면 내적 능력을 키우고 가치 있는 삶을 살 수 있도록 창의력, 집중력, 사고력, 판단력을 키우는 것을 말한다.

3. 내면의 지혜는 순수성의 가치로 생명력이 살아 숨 쉰다.

순수성은

이질적인 물질이나 복합적 요소가 아닌 순수하고 참이란 뜻으로 자연 속에서 느낌이나, 어린아이의 웃음, 모성애 같은 상징성에서 그 의미를 찾을 수도 있다.

따라서 순수성은

방향감각과 힘을 주게 되며, 잡념과 잡초를 제거하고 생각을 한 곳에 집중하며 사물의 구성과 내용을 밝혀주는 마음의 힘이요 가치라고 한다.

순수한 마음을 가지게 되면

잡다한 생각에서 벗어나 생각하는 일에 집중하고 몰입할 수 있으며, 사물의 본질을 파악할 수 있게 되고, 그러한 시간이 즐거움으로 가득할 수 있으며, 세상을 아름답고 가치로운 마음으로 바라볼 수 있게 된다.

또한, 사람과 사람과의 관계 속에서도 순수한 정감을 가지게 되면 치밀하고 따뜻한 관계를 이끌어내는 인자함과 덕을 배울 수 있고 일체감을 느끼게 되며, 영혼과 영혼과의 대화로써 지혜로운 영감을 맛볼 수 있게 된다.

순수성은 내면의 세계 속에 자리 잡고 있는 아름다운 영혼이다.

순수성은 창의력, 통찰력, 열정 속에 감추어진 놀라운 능력이자 가치이다.

우리의 감정이 순수해지면 내면의 힘으로 사물의 본질을 볼 수 있고 삶의 가치와 행복감이 높아진다.

그러나 하나의 감정이라도 순수하지 않게 되면 마음이 사로잡히게 되고 갈등이 생기고 가치와 판단이 흐리게 된다.

자연, 예술, 문학, 과학, 철학의 눈으로 바라보는 순수성의 내면적 가치는 다양하게 표현될 수 있다.

세계적인 리더십 권위자인 존 어데어는 「리더는 어떻게 단련되는가」에서 "지혜란 지성, 경험, 선함이라는 세 요소의 화합물이다"

"지혜는 항상 단순하고, 항상 정신적으로 깨끗하며, 항상 사물의 핵심에 도달한다"고 하였다.

순수성의 가치

우리의 마음은 순수한 영혼을 갈망한다.

깨끗한 에너지가 넘치는 아름다운 영혼을 위하여

꽃과 열매 맺는 삶이 되기를 원한다.

순수함 속에 믿음과 진실이 담겨있고
그 생활 속에 가치가 살아 숨 쉬며
그 영혼 속에 사랑과 열정이 넘쳐난다.

우리의 말과 행동에는 절제와 온유가 깃들고
마음의 창으로 느끼는 감동과 글을 통해
성장의 길로 온전히 나아가기를 소망한다.

— 저자의 메모 중에서

페스탈로치는 「숨은 이의 저녁노을」에서

인간의 순수한 지혜는 자신과 가장 가까운 관계가 있는 사물에 대한 지식, 자신에게 가장 적절한 일들을 가장 능숙하게 처리하는 능력 등의 확고한 기초 위에 서 있다고 말하였다.

자연이 인간에게 주는 교훈으로써 순수성은,

살아있는 스승이요, 어머니와 같은 변함없는 넓은 가슴으로 우리를 안아주고 품어주며 사랑으로 속삭인다. 자연은 인간에게 아무런 대가를 요구하지도 않으면서, 자연의 순수한 영혼으로 인간을 행복감으로 채워주고 우주의 넓은 세계와의 일체감을 가질 수도 있다.

우리가 순수성의 이미지를 자연에서 간직하기 위해서는 눈으로 보고 아름다움을 느끼고 상상하며, 감각과 감정으로 말하고 속삭여라. 자연 속에서 조용히 순수한 마음으로 안정을 찾게 되면 밝고 맑은 마음으로 사물의 본질을 볼 수 있다. 또한 선과 악, 옳은 것과 그른 것을 구별하는 가치를 찾을 수 있고, 균형된 감각과 마음의 평화를 우리로 하여금 누리게 한다.

4. 위대한 인간의 꿈은 창조적 내면의 지혜에서 탄생된다.

사람의 내면에는 누구나 천재적 재능이 숨어 있다.

인간의 진정한 매력은 그 사람의 내면에서 발하는 빛과 향기로써 내면에서 나온다. 따라서 내 안에 살아 숨 쉬고 있는 소중한 내면을 키워 성장의 꿈을 키울 수 있어야 성공에 이를 수 있다. 인간은 누구나 자신의 내면에 거대한 꿈을, 원하는 지혜를 가지고 있으며 내면의 세계를 찾아가는 존재로서 깨우지 못하고 눈에 띄지 않는 재능과 자질, 자기 자신만이 가지고 있는 내면의 지혜를 매일매일 창출하고 사용하고 있다.

내면의 지혜

내면의 지혜는 세상을 바라보는 마음의 창이다.
마음의 창은 가진 자만이 볼 수 있는
보배스러운 망원경이다.
볼 수 있고 알 수 있고 느낄 수 있는 아름다운 창이다.

내면의 지혜는 긍정적이고 적극적인 삶을 추구한다.
긍정적이고 적극적인 삶에는 꿈과 희망이 움트고 있다.
역경과 불행 속에서도 새로운 가치를 찾는
맑은 지혜의 샘이다.

내면의 지혜야말로 우리의 생각을 행복으로
이끄는 마중물이다.
지혜는 많으면 많을수록 행복을 끌어당기는 자석이다.
지혜의 힘은 마침내 성취와 창조라는
성장하는 삶을 이루게 한다.

－ 저자의 메모 중에서

창조적 내면의 지혜를 가진 자는

첫째, 개성이 강하고 자기 주도적 성장하는 삶을 살기 위하여 자기 자신을 정확하고 진실된 눈으로 마음속을 볼 수 있다. 자기 자신과 사물의 이치를 현명하게 깨닫고 대처할 방도를 찾는 생각을 해내는 능력과 함께, 현명하게 깨닫고 대처할 방도를 찾는 생각을 해내는 정신적 능력을 가진 자임을 뜻한다.

남이 볼 때 오감에 의하는 것보다 그 사람의 사람됨과 장점을 찾으려고 노력을 하는 자이다.

따라서 내면의 지혜를 가진 자는 환경의 변화를 가슴으로 받아들이고, 깨닫고 판단하여 존재감을 나타내는 삶의 실천을 높이는 행위를 하는 자이다.

성장 과정 속에 숨어 있는 내면의 지혜를 깊고 넓고, 아름답고, 가치 있게 키우면 바람직한 생각과 행동을 이끌어내어 성취와 창조에 다가설 수 있다.

둘째, 내면의 지혜를 가진 자는 현재의 위치에서 무엇을 해야 할지를 잘 아는 자이다.

자기 자신이 누구인지를 알고

자기가 하고 싶은 일이 무엇이며

무엇으로 그 길에 도달할지에 대하여 아는 자로서, 탐구하고 개척하는 용기와 지혜 즉, 자신의 능력과 개성을 발전시켜 인생을 살아가는 데 가장 중요한 일임을 아는 자이다.

셋째, 내면의 지혜를 활용하기 위해서는
성장의 흐름을 타고 내면의 지혜의 힘을 활용하여야 한다.
지혜로 탈바꿈되지 않은 지식은 싹을 피우지 못하는 씨앗과 같
고, 지혜를 베푼다고 얻어지는 것이 아니라, 습득한 지식을 효율
적으로 활용하는 것이 지혜이다. 그렇게 하자면, 머릿속에 들어
온 지식을 깊이 이해하고, 관찰하여 자기 것으로 가공하지 않으
면 안 된다는 것이다.

따라서 인생에서 결정을 내려야 할 순간에 내면의 목소리에 따
라서 선택한 사람은 반드시 성공한다는 것이다.

인류 역사에 남을만한 훌륭한 업적의 대부분은 재능이 아니라
위험과 도전을 마다하지 않고, 자기 내면의 힘을 충분히 활용할
줄 알았던 사람들에 의해 이루어졌다는 것이다.

내면의 지혜로 성장의 꽃과 열매를 얻기 위해서는
먼저 자기 자신이 갖고 있는 마음속 에너지를 높여야 한다.
생명의 근원이며 생명을 유지하는 보이지 않는 에너지를 마음
이라고 한다.

마음속 에너지를 잘 다스리면 성장의 빛이 되고 불씨가 된다. 성장의 힘과 불씨는 내면의 지혜에서 나와 놀라움으로 사람을 변화시키고, 성취와 창조성을 이루어 낼 수 있다.

③ 교육적 성장 패러다임과 내적인 능력·지혜와의 상호관계

교육적 성장 패러다임과 내면의 능력을 활용한 내면의 지혜와의 상호관계에서 교육적 성장 패러다임은 인간성장을 이끌어내는 교육적 본질인 씨줄에 가깝고, 내면의 능력과 그 지혜의 실천은 성취와 창조적 사고의 본질을 이해하는 날줄에 가깝다고 이해할 수도 있다.

따라서 양자의 상호관계는 아래와 같은 맥락으로 연결될 수 있다.

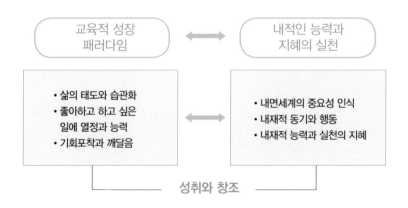

따라서 듀이가 주장한 내재적 삶의 태도 확립은 교육적 성장 패러다임과 내적인 능력과 지혜의 의미가 포함된 것으로 이해된다.

또한 다음 장에서 이어지는 제3부의 실천 맥락에서는 내재적 능력인 사고력, 집중력, 판단력, 창의력이 교육적 성장 맥락인 삶의 태도, 삶의 에너지, 삶의 깨달음으로 성취와 창조의 꿈을 이루는 과정을 소개하게 된다.

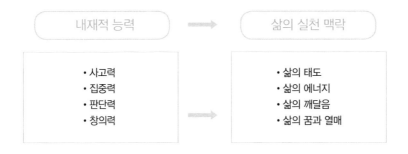

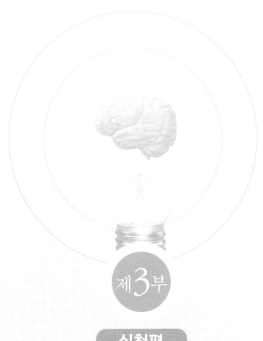

제3부

실천편

위대한 인간성장의 꿈은 습관을 바꾸고 내면의 변화를 통해서만 가능하다

인간의 생각과 행동을 이끌어내는 내면의 세계가 성장의 깊은 비밀을
품고 있다. 성공과 실패는 내면의 지혜가 좌우한다.

위대한 성장의 꿈은 습관을 바꾸고 내면의 변화를 통해서만 가능하다

– 성공적인 삶의 실천 맥락 –

1단계

삶의 태도 변화로 습관을 바꾸자

2단계

자기가 좋아하고 즐겁게 하고 싶은 일에
열정을 다하여 능력을 갈고 닦아라

3단계

기회 포착과 깨달음의 지혜로 삶의 맥락을 즐겨라

4단계

성취와 창조의 꿈을 실현하여 존재감을 보여라

삶의 태도 변화로
습관을 바꾸자

- 긍정의 정서와 좋은 품성을 기르자
- 바람직한 동기와 호기심이 감성을 움직인다
- 담대한 믿음으로 불안을 이겨내자
- 보람과 끈기로 미래를 정복하자
- 자신을 소중히 여기고 사랑하라

긍정적인 정서와 좋은 품성을 지니게 되면, 바람직한 동기와 호기심으로 감정을 움직이게 되어 생각과 행동을 올바르게 성장시킬 수 있다. 이와 같은 생각과 행동을 올바르게 성장시키려고 한다면 흔들리지 않는 담대한 믿음으로 무장되어 있어야 한다. 그렇지 않으면 많은 유혹에 흔들리는 삶을 살게 된다. 마음속에 남아 있는 불안의 심리적 앙금을 자리 잡지 못하게 하는 방법은 굳건한 믿음으로 마음속을 견고하게 다스리는 방법을 터득하는 것이다. 이로써 인생 항로에 제일가는 안전장치를 얻게 될 것이다. 또한 아무리 많은 지식과 기술을 가진 사람이라고 할지라

도, 주인공인 자기 자신을 깊이 이해하고 알지 못하게 된다면, 그
것은 자기가 하고 있는 생각과 행동이 자기 자신에 대하여 유능
하고 중요하고 성공적이며 가치 있는 일이라는 사실을 느끼지 못
하게 되는 결과가 된다.

1. 긍정의 정서와 좋은 품성을 기르자

사람의 모든 정서는 감성, 감각, 행동, 생각 4가지 요소로 구성
된다. 느낌, 기쁨, 희열, 따뜻함, 자신감, 낙관성 등 미래를 낙관
적으로 돕는 것이 긍정의 정서이다.

긍정적인 생각과 행동을 하게 되면, 자신감과 용기를 가지고
하고 싶은 일에 진전을 이룰 수 있다.

정원식에 의하면 정서는 정의적 행동의 특성인 동기와 욕구,
자아개념, 감성능력 중 감성능력은 정서자각능력, 정서의 동기화
능력, 타인정서 인지능력, 인간관계 능력으로 구분된다.

정서와 자아개념은 정의적 특성 중 중심적인 원동력에 속하며 정서는 우리의 행동을 활성화하고 동기처럼 행동의 방향을 결정지어 준다.

따라서 정서는 우리의 삶의 일부분이며, 행복과 불행을 만들어내는 중요한 요소로 작용한다.

첫째, 정서는 인지 기능, 기억력, 창의성을 높이고 행복을 향상시킨다.

둘째, 정서는 미래를 낙관적으로 생각하도록 도와 부정적인 정서를 상쇄시킨다.

셋째, 정서는 사고나 행동의 목표를 향상시키는 역할을 한다.

넷째, 긍정적 정서가 풍부한 사람은 자신감이 강하고 사고가 확장되면 아이디어도 확장된다.

다섯째, 정서는 성격, 기질, 분노 등에 의해 영향을 받는다. 또한 정서는 노력하면 키울 수 있다.

유쾌하고 불쾌함, 좋음과 싫음의 정서적 체험, 분노를 느끼고 화를 내고 슬픔을 느끼고 울게 되는 생리적 반응, 좋으면 손뼉치고 싶고, 공포를 느낄 때 도망가고 싶은 행동의 준비성으로 구분해 볼 수 있다.

첫째, 자기 자신의 정서를 잘 다스릴 수 있게 하고, 둘째, 다양한 정서 중 비교적 가치가 있다고 판단되는 정서를 발전시켜 그것을 성격화함으로써 성격의 장점, 강점, 약점을 이기는 것 셋째, 정서는 학습활동을 시작하게 하고 유지시키며 학습과제에 대한 흥미, 의욕, 관심, 노력을 제고하는 데 있다.

정서의 확장 및 구축을 위하여는

걷거나 달리기를 한 후 활기를 느끼면 기억력이 증가되고 창의력이 향상되며 아이디어가 떠오른다. 적당하고 규칙적인 운동은 불안감과 스트레스를 낮춰주고 우리 몸에서 엔돌핀처럼 기쁨과 행복을 느끼게 해주는 신경전달물질을 촉진시켜 신체와 마음 모두 건강하게 유지시킨다.

정서의 갈등현상조정

정서의 순환, 사회적 관계형성, 인격적·도덕적 성품을 지닌 사람으로 키우는 교육활동에 필히 고려되어야 할 요소이다.
인간의 정서는 학습과 경험에 근거한다.

정서가 지적 특성만큼 발달하지 못한 이유는

정서는 지적 특성만큼 방법이 명백하지 못하고 학습평가가 어렵고 현행교육이 지적 측면에 지나친 관심을 기울이고 있기 때문이다.

신경생리학자 에블린 교수팀의 연구결과 발표에 의하면

아동기의 정서발달이 중요하다고 하면서 10~20대 중반에 스트레스를 너무 많이 받으면 학습 담당 뇌세포가 절반으로 줄어든다. 따라서 청년기 스트레스는 나중에 나이 들었을 때 기억력의 약화 및 뇌세포노화과정에 깊이 관련된다고 하였다.

좋은 성품을 기르자

성품이란 성격과 성질을 아우르는 말로써 선천적으로 성질이라고도 한다. 성격(personality)이란 사람의 지속적인 동기의 경향이나 비교적 오랫동안 계속된 행동 경향으로써 독특하거나 의지적 특징과 같은 정의적 측면을 주로 가리키며, 심리적 무의식적으로 내현된 행동성향을 의미한다.

성격은 비교적 장기간에 걸쳐 이루어진 그 사람의 습관으로써 사람의 차별성을 이야기할 때에 성격을 이야기하는 것이 관례이다. 따라서 우리 생활의 가운데 사고와 행동의 틀 속에 성격이 가장 영향을 많이 미치게 된다.

성격을 이해하기 위해서는

성격은 행동이나 사고 자체가 아니라 행동이나 사고들이 나타내는 특징적인 양식 즉, 경향성을 뜻하며 생활의 변화와 시간의 흐름에도 불구하고 행동과 사고에서 비교적 일관성이 있고 개인마다 다른 특수성이 있다.

성격 변화의 추진 요소로는 정서적 변화가 핵심이며, 인지적 관점에서는 개인의 태도와 신념을 성격 변화의 핵심 요소로 본다. 무슨 일을 하든지 그 사람의 성격의 장점과 강점을 안다는 것, 그리고 그것을 활용할 줄 아는 것은, 성공과 실패에 지대한 영향을 미치게 된다.

어떤 사람에게 문제해결이나 그 일을 맡기기에 적합한지를 결정해야 할 경우, 능력과 성격 두 가지를 함께 판단하거나 그 사람의 장점과 단점을 안다면 해결의 실마리를 쉽게 풀 수 있고 좋은 결과도 도출할 수 있다.

2. 바람직한 동기와 호기심이 감성을 움직인다.

"저는 결점이 아주 많지만 장점도 하나 있어요. 그건 매사에 호기심을 갖는 것이고, 그게 바로 제 삶의 원동력입니다. 한 번뿐인 생을 재미있게 살라고 창조자가 우리에게 내려준 무기가 호기심입니다." 폴란드 노벨문학상 수상 시인 비스와바 심보르스카의 말이다. 내 삶에 변화가 일어나게 하는 방식이 바로 호기심이다.

동기의 이해는 궁극적으로 인간을 이해하고 인간행동을 설명하는 데 있어서 필수적인 것이기 때문에 성공의 핵심기술은 동기부여에 있다고 한다.

정원식은 인간의 동기에서

동기란 인간이 어떤 일을 했을 때 그 인간에게 작용하는 외적이거나 내적인 힘으로써 인간의 활동을 시발하고, 방향을 정하며 정도를 나타내며 지속시키는 힘이라고 정의한다.

기본적 동기로는 선천적인 본능이 있고, 사회적 동기로는 소유, 성취, 친애, 공격, 지배, 유희, 이해가 있으며, 목적 지향적 동기로는 인간이 부단히 자기를 완성하려는 성향을 지닌 목적지향적 존재라고 설명한다. 또한, 동기는 대부분 후천적으로 습득된다는 것이다.

정의적 특성은 지적 특성과는 달리 사고 과정의 돌변적 수준에서 학습되는 것이 아니라, 내면화의 과정을 통해 습득된다. 이러한 동기의 유발요인으로 좌절감, 불안감, 스트레스, 사랑, 호기심, 인센티브를 들 수 있다. 인간의 심리적 동기특성으로는 주의집중(호기심, 흥미 사로잡기), 관련성(학습자의 필요와 목적에 맞추기), 자신감(자신의 통제하에 성공할 수 있다고 믿고 도와주기), 만족감(보상을 통해 성취를 강화해 주기) 4가지가 있다.

아인슈타인은 "저는 특별한 재능이 없는 사람입니다…단지 호기심이 강할 뿐이지요"라고 주변 사람들에게 말하였다고 한다.

어떤 조건이나 요인이 동기의 습득을 촉진하는가?

정원식(인간의 동기, 2001)에 의하면 첫째, 개인이 습득하려는 동기가 개인의 기존신념과 현실적인 요청과 일관성을 지닐 때 동기의 습득 가능성이 높아진다.

둘째, 습득하려는 동기와 관련된 활동에 종사한 경험이 있으면 동기습득 가능성이 높다.

셋째, 개인이 습득한 동기가 준거집단의 의사와 일치한다고 생각하면 그 동기는 더욱 지속될 가능성이 있다.

넷째, 개인이 습득한 동기가 자신의 이미지를 향상시키는 결과를 가져왔다고 생각하면 그 동기와 관련된 구체적인 목표를 달성하기 위하여 자신을 몰입하게 되어, 그의 생각이나 행동이 크게 작용하게 된다.

다섯째, 개인이 능력있는 인간으로서 존중되고, 따뜻하게 받아들여지는 분위기 속에서 생활하게 되면, 동기의 변화를 더욱 일으킬 가능성이 높다고 한다.

리처드 데이비드는 IQ나 학교성적, 수학능력시험 성적이 사회적 성공 여부에 크게 좌우되지 않는다. 성취동기, 타인과 협동하고 감정을 통제하는 능력, 쾌감을 뒤로 하고 한 가지 일에 집중하는 능력이 뛰어나야 성공할 수 있다고 하였다.

마이클 스와니는 성취동기와 인내력, 사회적 수완 등은 성공적인 삶을 위해 반드시 필요한 자질이다. 그러나 이런 것은 테스트를 통해 측정할 수 없다고 한 바 있다.

위스콘신대학교 리처드 데이비드슨 박사는 학교성적과 수능시험성적은 사회적 성공 여부를 크게 좌우하지 않는다. 사회에서 성공하려면 타인과 협동하고 감정을 통제하는 능력, 그리고 쾌락을 뒤로 미루고 한 가지 일에 집중하는 능력이 뛰어나야 한다. 이런 것들이 IQ나 학교성적보다 훨씬 중요하다. (마치오 카쿠 마음의 미래, 2015)

3. 담대한 믿음으로 불안을 이겨내자

담대한 믿음으로 불안을 이겨내고, 긍정적인 기대 속에서 앞으로 나아가라.

스스로 자신을 믿게 되면, 생각과 행동을 함에 있어서 미래를 향하여 달려갈 수 있는 힘과 용기와 지혜를 갖게 될 수 있다. 믿음이 앞으로 다가올 생각의 미래를 결정하고 그 행위를 결정할 때, 행위가 결과를 결정하게 된다. 좋은 결과를 원한다면, 긍정적인 기대의 결과를 가져오는 믿음이 앞서야 한다.

불안을 이겨내기 위해서는 불안에서 벗어날 수 있는 믿음의 지혜와 용기가 필요하다. 우리가 신념을 키우고 성공하기 위해서는 불안 속에 있는 믿음의 적인 불안을 믿음의 힘으로 떨쳐 낼 수 있어야 한다.

우리가 두려움을 갖게 되는 원인은, 믿음의 상실 상태에서 의심을 가지고 있거나, 불안을 이겨낼 수 있는 불안한 상태에 얽매여서, 헤어나지 못하기 때문이다. 부정적인 생각은 부정적인 행동과 생각으로 생활방식이 다르게 나타나고, 그것이 마음속에 자리 잡으면서, 생각과 행동을 독버섯처럼 계속 불안하고 불확실한 미궁에 빠져들게 한다.

불안의 원인을 알아보려는 생각도 하지 않고 불안 속에 매몰된 상태로 방치한다면 그 불안이 쌓이고 쌓여서 걷잡을 수 없는 혼

란과 갈등의 심리를 일으키게 되고 그것은 치명적인 결과로 이어질 수도 있다. 이 경우 불안의 원인을 찾아 "마음의 청소"를 하는 것이 현명한 해결책이 될 수 있다.

저자는 어릴 때부터 성장 과정을 거치면서 두 가지 큰 경험과 심리적 지혜를 나름대로 알게 된 바 있으므로 이를 소개하고자 한다.

첫째는 흔들리지 않는 담대한 믿음을 가지고 인생의 어려운 난관을 돌파할 수 있는 지혜를 갖게 되기를 소망하였다.

어릴 때부터 성장단계를 거치면서 초 · 중 · 고 시절까지 항상 마음이 불안하고 따라서 기억력도 깜박깜박하는 등 학습 성취에 어려움을 겪게 되었다. 늘 마음은 불안감으로 차 있었고 하루하루가 우울한 가운데 보내는 시간이 많았다.

특히, 고등학교 다닐 때는 밤을 새우다시피 시험공부를 하였으나 막상 시험시간이 되면 공부한 것이 기억나지 않을 정도로 신경쇠약 증세가 있었고, 학교성적은 중 정도에 머물렀다. 그러므로 이와 같은 신경 불안을 극복하기 위한 나만의 방법으로 불안 해소에 관한 책을 사서 읽으면서, 매일 매일 마음의 안정을 찾고,

이것이 습관이 되도록 노력하였다. 그 결과 20대 이후부터는 어떤 어려움이 오더라도 그 어려움의 최종 종착 지점을 나름대로 미리 예측하고, 이를 이겨낼 수 있다는 믿음을 갖고 심리적인 안정을 찾을 수 있게 되었다.

또 한 가지 방법은 우리 생활 중에, 예컨대 학교 가는 길에 묘지를 향하는 상여를 보게 된다면, 그날은 하루 종일 상여의 모습이 떠오르면서 슬픔에 젖으며 불안의 원인이 자신에게 있는 것처럼 생각하는 심리적 인식이 작용할 수도 있다. 이 경우는 심리적 원인을 찾아 마음을 정리함이 좋은 결과를 가져올 수 있다. 이는 자신의 행위와는 상관없는 남의 일로, 자신이 불안의 원인제공과는 상관없는 사실이라는 것을 알게 된다면, 이것을 머릿속에서 지워버리는 습관의 지혜를 갖도록 하게 된다.

어려운 시련이 닥쳐왔을 때에는 불안의 씨앗이 내릴 수 있지만 한편으로는 이를 극복할 수 있는 의지력을 키우는 기회가 될 수도 있다. 위기는 위기와 기회라는 양면성을 품고 있는 동전의 양면과도 같다는 것을 알고 있으면 마음의 진폭은 넓어진다.

신달자 시인은 "나를 깼더니 부활이 왔다"는 글 속에서, 한 단계 높은 믿음을 깨우쳐 주고 있다. 부활의식은 반드시 종교적 의미를 뛰어넘어 자신이 세웠던 벽을 부술 수 있는 새로운 깨달음의 경지에 서는 것이 아니겠는가? 나를 부수고 우리라는 공동체를 이끌어 올리는 것 그것이 오늘 우리가 생각하는 부활의 힘이 아니겠는가? 라는 긍정적이고 적극적인 사고는 불안을 해소하고 경계를 넘어 새로운 경지에 이르게 할 수 있는 부활을 이끌어낼 수 있다는 것이다. 좋은 생각과 그것을 행동으로 옮기고 싶다면, 긍정적인 기대를 믿으면 좋은 결과를 얻을 수 있다는 것이다.

4. 보람과 끈기로 미래를 정복하자

끈기는 일상생활 속에서 습관화하기 위한 단계에서 일어나는 심리적 연속과정이다. 이와 같은 심리적 현상이 계속될 때에 인내력이 싹트게 되고 습관화 시동이 작동하게 된다. 습관화 과정이 일상생활 속에서 일정한 궤도에 오르게 되면 불가능의 한계를 뛰어넘어 마침내 성공의 궤도에 오르게 된다. 그러한 과정을 거치면서 끈기의 힘으로 자신을 발견하고 성취하는 즐거움을 느끼면 몸도 마음도 건강하게 되면서, 기억력과 창의력도 계발되는 기대감 속에 삶을 살게 되는 것이다.

재능 있는 사람도 끈기 없이는 성공할 수 없다. 끈기는 역경 속에서도 희망을 이끌어내며 또한 긍정적 결과를 기대할 수 있으며 자신감을 갖고 결실에 이를 수 있다. 재능은 성취할 수 있다는 희망을 주지만 끈기는 성취를 보장한다.

긍정적이고 적극적인 정신자세로 성실하게 준비하는 사람에게는 미래에 대한 희망의 씨앗이 싹트게 된다.

오래 참으면서 자발성을 가지고 힘든 일이지만 끈기 있게 노력하는 가운데 우리는 마음속으로 쾌감을 느끼게 되고 자신의 영혼과 대화하면서 성숙단계로 이끌어낼 수 있다.

미래가 없는 삶은 목표가 불분명한 삶으로써 어둠 속에서 길을 잃고 헤매는 것과 다를 바가 없다. 확실히 보이지는 않지만 어릴 때부터 간절히 바라던 상상의 세계가 성장단계를 거치면서 희미한 물안개처럼 조금씩 조금씩 꿈이 현실로 다가오는 느낌을 가져본 적이 있는가? 이러한 성장과정을 거치면서 자신도 잘 모르게 변화의 조짐이 싹트게 되고, 성큼성큼 다가오는 "마음의 봄"을 아련하게나마 느끼는 순간을 가져본 적이 있는가? 이러한 분위기와 감정을 느끼게 되면 더욱 자신에게 더 가까이 마주하게 되며 자신을 믿고, 자신에게 진실하게 되는 친밀감을 맛볼 수 있는 경험을 갖게 된다. 겸손한 마음의 자세로 마음의 문을 활짝 열어 놓고, 한걸음 한걸음 신중하게 생각하고 결단한다면 미래가 확신으로 이어지는 믿음이 자라게 된다.

끈기 있게 보람을 기대하면서 앞을 향하여 꾸준히 달려가 보자!

성장하고 싶다면, 실수할까를 두려워해서는 안된다. 만약 실수하더라도 이것은 성장의 연장선상에서 있을 수 있는 신호로 알고 받아들이는 것이 바람직하다. 방탄소년단 김남준은 "결점과 실수가 바로 나를 만들었다"고 하였다.

헬렌 켈러는 "원하지 않으면 어떤 일도 성취하지 않습니다. 끈기는 희망을 성공으로 이끄는 신앙"이라고 말하였다.

뜻이 있는 곳에 길이 있다는 옛말과 같이 인생에 있어서 올바른 생각과 행동을 게을리하지 않고, 자신감을 가지고 확신에 찬 믿음을 가진 자는 믿는 대로 된다.

추운 겨울에 피는 장미꽃이나 복수초는 스스로 몸에 열을 내 눈을 녹이며 꽃망울을 피우고 아름답고 끈질긴 생명력을 인간에게 보여준다. 이것이 열정이 이루어낸 성취의 본보기이다.

5. 자신을 소중히 여기고 사랑하라

자아개념이란?

자기 자신을 소중히 여기고 사랑하기 위해서는 "나"라는 것과 관련된 모든 지각을 의미한다. 즉, 자신에 대한 능력, 태도, 느낌을 포함한 자신에 대한 주관적인 인식이다.

강영삼 국민대 교육학과 명예교수는 「교육학개론」에서 자아개념이란, 인간이 인간으로서 자신의 신체·행동·능력의 가치에 대한 태도·신념·견해로서 상황에 대한 지식과 환경과의 상호작용을 통하여 형성되는 경험의 총체라고 하였다. 긍정적인 자아개념은 자기 자신을 유능하고 중요하며, 성공적이며 가치 있는 사람이라고 생각한다는 것이다.

독일 출신의 미국 정신분석학자 에릭 에릭슨은 인간 발달단계 중 자아가 점진적으로 형성되는 과정에서 각 단계마다 긍정적인 면을 달성해야만 바람직한 자아가 형성된다.

자아는 일부의 의식 속에 존재하며, 다른 일부분은 무의식 속에 있는 정신구조이며, 자아는 현실원리에 따라 움직인다.

자아는 이성과 분리를 의미하며 현실의 원리를 따르는 합리적 사고방식이라는 것이다.

〈긍정〉		〈부정〉	
신뢰감	→	불신감 (0~2세)	신뢰성 형성단계
자율성	→	수치감 (2~4세)	자율적 의지 → 활동선택 (자기 자신의 방법과 속도)
주도성	→	죄책감 (4~7세)	활동참여 자유, 질문 → 충실 대답
근면성	→	열등감 (7~11세)	물건 만들어보도록, 칭찬 나는 누구인가?
정체성	→	역할운동 (12~18세)	자아개념, 타인인정 → 정체성 위기
친밀감	→	고립감 (19~45세)	성숙하고 책임 있는 사회인
생성감	→	침체감 ((46~55세)	창조성, 생산적 활동
자족감	→	절망감 (55세 이상)	어느 정도 소망달성, 성격의 특징

자아개념에 대한 저자의 고백

나는 자신에게 질문을 해본다. 나는 얼마만큼 자아 개념에 충실한가? 잘 모른다고 말하기는 참 부끄러운 마음이다.

이 세상에서 자아가 충만한 사람은 어떤 사람이고, 충만한 자아를 가진 자가 얼마나 많은가? 자아가 충만한 사람의 그 범위와 한계 그리고 가치가 너무 깊고 넓게 숨어 있어서 잘 알기 쉽지 않다. 나 자신 역시 지식은 말할 것도 없고 성격, 가치관, 태도, 능력 등 너무나 부족한 공간이 많다. 따라서 자아를 중심에 두고 생각해보니 나의 어리석은 마음과 지혜롭지 못한 자신을 알게 되었다.

존재가 자아개념의 시작이고, 자아의 원천임에 틀림없다. 존재
감을 부정한다면 나는 이 글을 쓸 수도 없고 한 걸음도 나아가지
못한다. 나라는 존재는 가깝게는 부모님으로부터, 근원적으로는
하나님으로부터 비롯된다. 그 근원에서 탄생한 나는 유전과 환경
등 요인에 의하여 탄생하고, 생물이자 개별성을 가진 인간으로서
부정적 태도보다 긍정적 태도로 매일매일 생각하고 행동하고 있
다. 비록 언제까지 살아있을지 모르지만 하루하루를 감사하는 마
음으로 마지막에 비추어질 자신의 자아상을 생각해본다. 내가 이
세상에서 꿈꾸던 소망이 무엇이었던가? 그 소망을 얼마만큼 달성
했으며, 내가 이 세상을 떠날 때 나에 대한 이미지는 어떤 모습으
로 보여질 것인가?

정원식에 의하면, 자기이해의 객관성은 인간친화의 기본이 되
며 인간관계의 친화를 성숙하게 이끄는 인지력에 의한 것이라는
것이다.

인간의 사회적 적응은 성숙한 대인관계에 의하여 결정되며, 사
람은 평생동안 다른 사람과의 관계를 맺고 그 관계를 유지하면서
살아가기 때문에 혼자서는 살 수 없는 존재라는 것이다. 따라서

자아개념의 객관성은 타인과의 관계에서 생각과 행동으로 가치와 향기가 나타나게 된다는 것이다.

이러한 생각을 하면서 오늘도 나는 깊은 상념에 잠기곤 한다. 부족한 자아를 채우기 위해서다.

자아개념은 자기가 자신에 대한 인식개념으로써 객관적인 나를 드러내 보이는 모습을 생각하게 된다. 자기 인생을 되돌아보면서 부끄럽지 않게 멋진 삶을 살았다고 말할 수 있는 사람이야말로 행복하고 존경받을만한 삶을 살았다고 볼 수 있다.

방탄소년단은 UN 무대에서

"나는 김남준이고 BTS의 리더이며 한국의 작은 동네 출신 아티스트다. 여전히 많은 흠이 있고 두려움도 많지만 그런 나를 받아들이면서 조금씩 나를 사랑하려 한다"면서 "우리는 우리 스스로를 사랑하는 방법을 배워야 한다"고 강조한 바 있다.

2 단계 자기가 좋아하고 즐겁게 하고 싶은 일에 열정을 다하여 능력을 갈고 닦아라

- 꿈과 상상력을 키워 마음의 세계를 넓혀라.
- 좋아하고 즐겁게 하고 싶은 일을 찾아 열정을 다하여 목표에 도전하라.
- 잠재력의 보물창고에 능력을 갈고 채워라.
- 일관성과 계속성은 역사를 만든다.
- 집중하고 몰입하면 못 이룰 일 없다.

엘 프리다 G. 길먼 (1941~)

어떤 일을 하려면 먼저 당신 자신이 그 일을 좋아 해야 한다는 과정에서 즐거움을 느낄 수 있어야 그 일에 대해 가치와 보람을 느낄 수 있다.

1. 꿈과 상상력을 키워 마음의 세계를 넓혀라

상상력은 미지의 세계를 탐험하는 성장동력의 지혜이다.

상상력이란 사람의 마음속에 끊임없이 일어나고 있는 상상의 세계로써 스스로 인식하고 선택할 수 있는 모든 것을 뜻한다. 즉, 상상이란 의미있는 것을 통합해서 새것으로 만들어내는 능력을 뜻한다.

아인슈타인은 상상력은 지식보다 중요하며 내면에 깊고 아름다움을 표한다고 하였다. 그에게 상상력은 지식의 경계를 넘어 미지의 영역을 탐험하는 강력한 수단이었다.

상상력은 하나님이 인간에게 준 숨어 있는 지혜의 보고이며 살아 움직이는 인간의 힘이다. 누구나 생활 속에서 생각을 크게 열고 상상의 날개를 힘껏 펴 보여라.

프랑스의 사상가 미셸 드 몽테뉴는, 꿈이란 우리가 원하는 것이 꿈에 투영되어 있다. 우리가 꾸는 꿈은 이상적이며 미래지향적 가치로 볼 수도 있다고 하였다.

어릴 때 꿈과 상상력을 키워주는 교육은 아주 중요하다. 상상력을 가장 잘 사용한 결과는 창의력이다.

정신분석의 창시자 지그문트 프로이트는 꿈이란 평소 억눌렸던 무의식과 욕망의 발현이라고 하면서 꿈은 과도한 상징의 무작위 조합이 아니라 내면의 비밀이 투영된 결과라고 하였다.

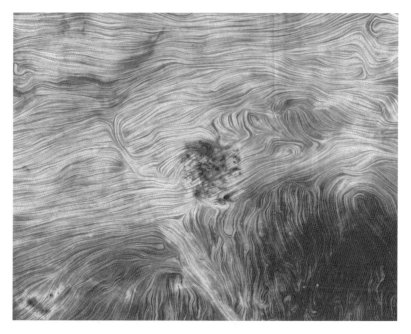

〈고흐는 알고 있었나, 우주의 비밀을〉

　미국의 심리학자 앤서니 라빈스는 꿈을 현실로 만드는데 필요한 자원은 우리 내부에 있으며, 그것은 우리가 깨워서 탄생시킬 그 날만을 기다리고 있다고 하였다.

　꿈은 희망, 상상, 이상, 성취, 안전과 불안 등과 같은 실제 경험한 사례와 미래를 향한 변화무쌍한 세계와 함께 한다는 것이다. 이 경우 바둑경기에서 일어나는 끝없는 연결의 맥락을 참고로 생각의 힘을 활용한다면 더 넓고 더 큰 성과를 얻을 수도 있다.

「마음의 미래」를 쓴 미치오 카쿠는 꿈은 사람의 수명과 밀접하게 관련되어 있으며, 하나의 꿈은 대부분 5분 내지 20분간 지속되고, 우리는 한평생 5~7년의 꿈을 꾸게 된다고 하였다.

미국의 심리학자 케빈 홀은, 학생을 대상으로 40년 동안 꿈에 관한 연구를 한 결과 꿈은 대부분 며칠 전이나 몇 주 전에 겪었던 개인적인 경험과 관련되어 있다는 것이다.

꿈은 어떻게 만들어지는가? 하버드의대 정신의학과 앨런 홉슨은 우리의 꿈을 뇌간에서 올라온 방대한 무작위 정보를 어떻게든 이해 가능한 형태로 가공하기 위하여 노력한다. 우리의 꿈은 이 과정에서 만들어지며 그 결과를 나타내는 현상이 꿈이라고 하였다.

꿈을 꾸면서 하고 싶은 일에 열정을 바치면 활력소가 될 수도 있다. 그렇게 하면 꿈은 잠재의식으로, 지능적 상상력(intelligent imagination)은 목표, 요구, 미래에 대한 희망 등과 잘 맞아 떨어지며 세계를 바라보도록 제시해 세상을 이해할 수 있도록 해주기도 하고, 문제를 창조적이면서 효과적으로 풀 수 있도록 도와주는 그런 상상력이 될 수도 있다.

　진짜 우리가 원하는 꿈을 꾸기는 쉽지 않지만, 평소 많은 시간을 바쳐 열정을 다하여 고민한 일이 어느 날 갑자기 꿈과 같이 순간적인 현실로 나타나는 경우도 있을 수 있다. 그 순간을 놓쳐서는 안 된다. 꿈을 즐겨라, 꿈을 멈추지 말라, 꿈은 긍정적이고 이롭다. 꿈을 노래하고 즐겨라, 꿈은 활력과 성실함을 주기도 한다.

　꿈이 없으면 인생에서 이룰 수 있는 것은 아무것도 없다. 꿈을 꾼다는 것은 불가능을 가능으로 바꾸는 희망의 메시지요, 불확실한 미래를 현실로 나아가게 한다. 또한 꿈은 성장과정에 따라 변한다.

　생각은 만물을 움직이는 힘이며 성장동력으로 작동한다. 인간이 자유롭고 행복한 꿈을 꿀 수 있는 이유는 상상력의 힘이 있기 때문이다. 긍정적이고 적극적인 사고는 일상생활에서 우리의 행동을 이끌어내는 내면 속 상상력에서 비롯된다.

　아고로 스타빈스키는 우리에게 필요한 것은 막연한 상상이 아니라 창조적 상상이라고 하고, 상상하지 않은 것은 절대 이룰 수 없다고 말하였다. 이것만이 우리를 관념의 관계에서 현실의 세계로 나아가게 해줄 것이라고 말하였다.

인생에 있어서 기쁨은 자신이 바람직하고 유용하며, 가치있게 생각한 바를 이루기 위하여 헌신하는 것이라고 한다. 그러나 아무리 놀라운 상상이라도 그 상상이 실현 가능한 것이어야 실현 가능성이 높다고 할 수 있다.

바둑천재기사 조훈현은 세상에서 풀지 못하는 문제는 없다. 바둑은 학습하는 사람들에게 첫째, 생각 속으로 들어가라. 둘째, 크게 열어라. 셋째, 더 멀리 예측하라. 넷째, 좋은 생각은 좋은 성격에서 나온다고 하였다.

창조적 성장의 열매

반짝이는 별처럼 아름다운 꽃잎처럼
햇빛, 달빛, 물, 공기, 자연을 벗 삼아
오늘도 내 마음속에 꿈나무를 그려본다.

생각은 날갯짓하며 허공을 훨훨 날고
춤추고 노래하며 뽐내고 달아올라
시공을 초월한 영감의 세계를 향한다.

아름다운 꿈나무에 꽃피고 열매 맺기를 원하네.

집중, 몰입, 열정으로 가득 찬 영감의 세계에서
오늘도 꿈나무 아래서 꽃피기를 기다리네.

설익은 꿈나무의 열매를 따기는 아직 이르지
천만번 기다림 속에서 알찬 열매를 기다리며
깨끗하고 맛 좋은 영혼의 열매를 따보자.

청춘에 기대하는 열매는 미래의 꿈이 되고
장년에 따는 열매는 청춘보다 더 익었다네.
노년에 따는 열매는 값진 성장의 열매라네.

오래된 열매보다 새롭고 싱싱한 열매를 바란다면
고뇌의 영혼 속에서 불을 지펴 오래도록 태우면서
영원으로 관통하는 창조적 성장의 열매를 따보자.

— 저자의 메모 중에서

어릴 때 저자의 꿈은 어떤 꿈이었던가?

어릴 때 나는 산촌에서 태어났다. 풀잎, 솔잎을 따 먹고 철마다 싱그러운 열매를 따먹고 자랐다.

소나무, 오리나무, 그리고 꿀밤나무와 잡풀이 뒤덮은 산자락에서 시냇물을 마시면서, 새소리, 바람소리, 비둘기소리, 부엉이소리, 매미소리, 까치소리, 제비소리를 노래삼아 들었다. 개미와 거미, 개구리, 메뚜기, 올챙이와 함께 숨 쉬면서 천진난만하게 자연과 어우러져 살면서 천지가 내 세상인 양 바깥세상은 있는지도 모르고, 알 필요성도 느끼지 못하고 아는 것 없이 무식하게 천진난만한 어린이로 살아온 것으로 기억된다.

그러나, 이러한 환경 속에서도 외부에서 손님이 찾아와 할아버지와 할머니, 아버지, 어머니와 대화하는 말씀을 엿들으면서 깨닫게 되고, 초등학교 입학 후, 산 넘어 학교를 다니면서 조금씩 조금씩 세상을 바라보면서 철이 들게 되었다.

하늘의 뭉게구름이 변화무쌍하게 이동하는 것을 바라보기도 하고, 연을 날리고 강 건너 높은 산을 바라보고 생각에 잠기기도 하였다. 여름철에는 지척에 있는 낙동강에서 홍수를 겪기도 하고, 계절이 변해가는 모습을 보면서 자라다가, 중학생이 되어 6.25 전쟁을 겪으면서 꿈은 현실의 세계에서 조금씩 바깥으로 바라보기 시작했다.

분명 꿈은 살아 있음에 틀림없다. 분명한 것은 아무리 자연이 아름다운 시골이지만, 앞으로 먹고 살기 위해서는 환경을 극복하고 생각이 달라져야 하고, 이를 박차고 나갈 용기와 힘이 있어야 한다는 생각이 들면서 나의 꿈은 현실과의 간격을 좁히기 시작했다.

2. 좋아하고, 즐겁게 하고 싶은 일을 찾아 열정을 다하여 목표에 도전하라

엘프리드 G. 길먼은

어떤 일을 하려면 먼저 당신 자신이 그 일을 좋아해야 한다. 일하는 과정에서 즐거움을 느낄 수 있어야 그 일에 대해 가치와 보람을 느낄 수 있다고 하였다.

진정으로 마음속 기쁨을 가지고 올바른 성장을 원한다면 자신이 원하는 일을 찾아, 좋아하는 일을 직업으로 삼고, 한평생 그 일에 신념을 갖고 열정을 다하는 에너지를 쏟는다면, 성공에 이를 수 있다. 성공과 행복은 어느 날 갑자기 찾아오는 것이 아니라 자신의 꿈과 능력을 꾸준히 갈고닦아 충분히 자신의 능력을 계발시킬 때에 부수적으로 따라오는 것이다.

사람의 행동을 결정하는 요인으로 심리학자들은 정의적 특성과 인지적 특성을 이야기한다.

정의적 특성은 "무엇을 하며 무엇을 느끼는가"에 초점이 맞춰진다. 따라서 정의적 특성은 견고하고 강건한 마음을 기르기 위한 장치로써 감정의 논리에 속한다.

인지적 특성은 "개인이 무엇을 할 수 있는가"에 초점이 맞춰져 있으며, 일종의 문제해결책으로 절차와 판단을 돕는 사고의 논리에 속한다. 정원식은 인지력은 인간의 심리적 특성 중에서 능력을 나타내는 개념으로 지능, 적성, 학력, 기억력, 사교성 등이 포함되며 유전과 환경의 산물로써 환경에 대한 인간의 정신적 적응성으로써 개인차가 있으며 또한 보편성이 있다는 것이다.

인지력에는 창조적 사고력이 내포되어 있으며 일반적으로 말하는 지식만이 아니라 지혜라는 의미도 포함되어 있다.

정의적 특성과 인지적 특성은 한사람이 공통적으로 가지고 있는 인간의 행동특성으로서 성장을 이끌어 내는 삶의 핵심에너지라고 볼 수 있다.

좋아하고, 즐겁게 하고 싶은 일에 열정을 다하라

인간이 소유하고 있는 열정과 감정, 기분, 습관 등은 자기가 필요한 경우 언제든지 자유롭게 이용할 수 있는 소유물이다. 아름다운 눈과 따뜻한 가슴에 열정을 가득 품고 살아라. 상상할 수 없는 놀라운 감동이 자기 앞에 벌어질 것이다. 열정은 성취를 이루는 첫 번째 단계이며, 의지력을 높여준다는 것이다.

열정적인 사람은 에너지가 불타는 사람이고, 열정을 품은 사람은 앞을 보고 목표를 향하여 달성될 때까지 쉬지 않고 달려가는 의지의 사람이다.

탐구욕에 열정을 다하고 있는 과학자의 탐구의 진실된 모습에서 우리는 최고의 설렘과 울림을 받게 된다. 러시아의 과학자 나탈리아 아브센코는 고래연구학자로서 사람이 옷을 입고 고래와 가까이 하면 싫어한다는 것을 알고 알몸으로 유영하면서 고래를 연구했다.

열정을 다하면 재능의 한계를 뛰어넘을 수 있는 잠재력을 가지게 된다.

강한 신념과 열정을 가진다면 원하는 소망을 달성할 수 있다. 강한 신념과 열정은 정신의 힘으로써 시간과 공간을 초월한다는 것이다. 열정을 다한다면 자신도 모르게 그 속에 활력이 넘쳐 에너지가 솟아나고 집중과 몰입의 경지에 이를 수 있다.

나탈리아 아브센코, 흰돌고래와 알몸 유영(중앙일보)

금방 떠오르지 않는다 하더라도 반복적 연습과 이를 생활화하여 실천으로 옮기고 습관화하면, 자기 내면의 힘인 신념으로 이어지게 된다. 강한 신념과 열정을 다하여 준비한 자는 자기 영혼을 불사르고 구도자의 모습으로 앞을 향해 전진에 전진을 거듭하게 된다.

세계 역사상 위대하고 당당했던 순간들은 모두 열정이 승리했을 때임을 기억하라. 역사가 말하는 크고 위대한 승리는 언제나 자신과의 경쟁에서 이긴 사람들의 편이라는 것이다.

영국 속담에 "고요한 바다에서는 좋은 뱃사공이 만들어지지 않는다"는 말이 있다. 세상에 시련 없이 성공을 이룰 수 없다. 중요한 것은 신념을 지니고 그것을 끝까지 지키려는 의지이다.

헬렌 켈러는 태어나서 20개월 만에 시력과 청력, 말하는 능력을 잃어버렸으나 자신의 강한 믿음과 열정으로 해낼 수 있다는 것을 보여준 살아있는 전설의 여성으로 삶의 기쁨을 누리고 성공을 이룬 사람으로 기억되고 있다.

목표에 도전하라

목표달성능력은 지능과 상상력, 지식뿐만 아니라, 개별적인 요소들을 연결시켜 하나의 결과를 창출해 내는 것이다.

목표의식을 강화시켜 바람직하고 실현 가능한 목표를 설정하게 되면

① 성취동기를 북돋우고 ② 긍정적으로 일에 대한 흥미와 실천능력을 강화시켜 ③ 성공으로 이어갈 수 있게 된다.

목표가 명확하게 설정되면 목표지향적 메커니즘에 의하여 시냅스의 활성이 증대된다는 것을 TV, 음악, 미술 그리고 운동경기에서 볼 수 있다.

리더십 전문가 존 맥스웰은 목표에 정성을 쏟으면 목표도 그 사람에게 정성을 쏟는다. 계획의 법칙에 따르면, 계획에 정성을 쏟으면 계획도 그 사람에게 정성을 쏟는다는 것이다.

사람들은 왜 목표설정을 등한시하는가?

일상적인 습관에 매여 있거나 변화를 두려워하는 사람은 목표설정의 필요성을 잘 모르고, 목표를 정하지 않거나 목표가 있다 하더라도 중요성을 인식하지 못하고 게을리하게 된다. 바다를 항해하는 배의 선장이 목표지점이 없다고 한다면 배를 어떤 곳으로 항해하게 될지 생각해보자.

목표설정을 등한시하는 사람은 목표를 세워 봤자 이루지 못할 것이라고 미리부터 부정하고, 심리적 부담으로 나약한 함정에 빠져들 수도 있다.

개인의 목표는 실패할 경우 한 사람에게만 영향을 미치지만, 조직의 목표가 실패할 경우 조직원 전체 혹은 관련 사회에까지 영향을 미치게 되는 사례를 현실에서 볼 수 있다.

미시간주립대 교수인 로버트 루빈스타인은 생각의 탄생에서 목표달성을 위해서는 마음의 눈으로 관찰하고, 머릿속으로 형상을 그리며, 모형을 만들고 유추하는 과정을 거쳐 새로운 목표를 생산해 내는 것이라고 말한 바 있다.

목표가 좌절되었을 때, 관계가 어그러졌을 때, 뜻하지 않은 불운이 닥쳐왔을 때는

그것이 사람의 문제인지?

장소의 문제인지?

과제의 문제인지?

동기의 문제인지?

상황 또는 환경의 문제인지?

균형있게 생각하고 질문하고 답을 찾는 습관을 가져봄이 바람직한 것이다.

3. 잠재력의 보물창고에 능력을 갈고 채워라

잠재력이란, 현재의 의식으로는 기억할 수 없는 것을 잠정적으로 맡아주는 기억의 저장고이고 필요할 때 어느 순간 그것을 꺼내어 사용할 수 있는 기억의 저장고라고 말할 수 있다.

일상생활에서 기억하려고 애쓰지 않아도 머릿속에 저장된 지혜가 필요한 순간 그것이 갑자기 나타나게 되고, 그것을 끄집어내어 활용할 수 있도록 정신의 보고인 잠재적 보물창고를 활용하라.

개개인의 잠재의식이란 어떤 경험과 관련된 의식을 한 후 일시적으로 기억되거나 감지되지 못하고 있으나 필요할 때에 다시 기억을 재생할 수 있는 상태로써 직관을 통해 잊혀진 잠재력이 필요한 순간 인식할 수 있는 지식의 보급창이다.

대부분 사람들은 자신이 가지고 있는 잠재력을 충분히 저장하거나 저장된 것조차 깨우치지 못하는 경우가 많다고 한다.

성장의 잠재력은 개인과 국가, 기업 할 것 없이 미래의 발전을 위하여 저장된 살아있는 동력이라고 말할 수 있다.

믿음을 가지고 마음속 기억의 보물창고에 지식과 지혜를 가득 채우고 필요할 때에 강력한 힘으로 끄집어 내보이도록 하라! 당신 속 숨어 있는 잠재력이야말로 놀라운 힘을 발휘하게 될 것이기 때문이다.

잠재력은 지나온 과거의 경험과 지혜, 현재의 지각과 깨달음,

미래의 생각과 비전을 모두 함께 품고 있다.

따라서 잠재의식은 시간과 공간을 초월하여 잠재기관이 쉬고 있는 동안에도 활동하여 최고의 기능을 발휘하게 되는 놀라운 힘으로 작용한다는 것이다.

이와 같은 잠재적 직관이 떠오를 때에 반드시 메모하여 두어야한다. 심리학자 웨인 다이어는 그의 시에서 내 안에 달이 있고 태양이 있어도 내 스스로 그 달빛, 햇빛을 끌어내어 비출 수 없다면 무슨 소용이 있단 말인가? 라고 말한 바 있다.

정신적 보물창고를 항상 지니고 있다는 믿음이 없으면 기억할 단계에서부터 잊어버릴까하는 불안과 초조, 조바심 때문에 방해받게 된다는 것이다. 이것이 습관으로 이어지면 자신의 보물창고에 대한 믿음이 더욱 강화되므로 기억에 쌓이게 된다.

잊어버릴까하는 두려움은 오히려 기억에 방해가 된다. 우리는 일생을 살아가면서 아주 중요한 것을 까맣게 잊어버리고 있다가 잠잘 때나 어느 순간 갑자기 생각이 떠올라 잊어버리기 쉬운 순간을 포착하는 기회가 있었던 경험이 누구에게나 있다.

한 번도 경험하지 못한 새로운 상황에 부딪혔을 때에 도움이 필요한 경우, 불현듯 도움을 요청할 수 있는 사람이 생각나거나 새로운 방안의 지혜가 불현듯 생각날 때도 있다.

이 모든 것이 잠재력의 힘이 보태어진 결과라고 생각된다. 잠재력은 억만장자의 재물보다 빛나고 향기로운 지혜의 보고인 것에 고마움을 가질 뿐이다.

4. 일관성과 계속성은 역사를 만든다.

역사는 일관성과 계속성으로 한 우물을 파고, 줄기차게 일관된 삶으로 의지를 관철하려는 삶에서 이루어진다.

일관성과 계속성을 가진 자가 한 가지 일에 일생을 다한다고 하면 그 길이 보이게 되고 원하는 바를 이룰 수 있다는 것이다.
한 분야에서 전문성을 키우고 폭넓게 미래를 향하여 전진에 전진을 거듭하다 보면 좋은 기회를 만날 수도 있고, 또 경우에 따라서는 역경을 만나게 될 수도 있다.

일관성과 계속성은 생활의 폭과 아이디어의 한계를 높이려는 성장의 지렛대에 비유할 수도 있다. 진정한 일관성과 계속성은 습관에 의해 형성된다. 반복은 거듭할수록 진보의 기본리듬이고 우주의 원리와도 상통한다는 것이다.

개인에 있어서는 자신이 평생동안 좋아하고 즐겁게 잘 할 수 있는 일을 찾아 전문성을 높이는 일은 성공에 다가설 수 있는 첫 번째 지름길이 된다.

잘 나갈 때에 돌다리도 두드리고 조심하지 않는다면, 어려운 시기에 이를 극복하기가 쉽지 않다. 그러나 항상 어려움이나 위기에 대비하여 극복할 수 있는 위기관리능력을 갖추어 대비한다면 이러한 경험이 새로운 미래를 만드는 가속 페달로 이어질 수 있다.

동양철강의 창업주 박도봉 사장은 베트남 하노이에 1등 알루미늄업체를 키우면서 유혹을 견뎌내고 한 우물을 파야 한다. 성공 여부는 지속적인 노력 여하에 달려있다고 믿고 실천하였다.

성취와 창조는 일관성과 계속성에 의하여 쌓이고 쌓인 지식과 기술, 그리고 사람의 노력의 결과로 새로운 틀을 짜는 알파요 오메가로서 역할을 해낼 수 있는 살아있는 지혜라고 말할 수 있다.

5. 집중하고 몰입하면 못 이룰 일 없다.

집중이란 마음의 흐트러짐과 혼란을 없애고 한곳으로 마음을 모으는 것을 뜻하며, 몰입이란 어떤 일에 깊이 빠지거나 파고드는 것을 말한다.

성공의 열쇠는 지식이나 재능이 아니라 자신이 원하는 일에 집중하고 몰입하는데 있다.

집중은 인간의 내면을 키우고 증대시키며 길을 열리게 하는 성공에 꼭 필요한 요소이다.

또한 집중은 바라는 바를 마음속으로 그리면서 그것이 실현될 때까지 의지를 한곳으로 모아 같은 연장선상에 이르게 한다.
성취하고 싶은 일에 몰입하고 생각을 목표에 일치시키고 또 일에 끊임없이 자신의 에너지를 투입하여야 한다.

성공과 실패는 몰입의 깊이에 달려있다.

고도의 몰입의 순간 우리는 최고의 기쁨과 희열을 맛보게 된다. 몰입은 깊은 의식 속에 숨겨져 있는 해답을 끌어 올리는 마중

물과 같다. 즐길 때만 몰입할 수 있고, 몰입할 때 모든 가능성을 열어 문제를 깊이 생각하고 기발한 생각을 하며 장애물도 거뜬히 뛰어넘을 수 있기 때문이다.

자아실현은 최상의 경험이 몰입된 상태에서 이루어진다. 이렇게 하여 얻게되는 행복감이 충만하게 되면 문제가 있어도 어려워도 해결할 수 있다는 자신감과 확신이 들게 된다.

이때부터 자신이 가지고 있는 모든 능력을 발휘하기 시작하고 새로운 목표를 향해 매진하게 된다.

진정으로 의미있고 행복한 삶은 자신에게 주어진 일에 몰입함으로써 얻게 된다는 것이다.

몰입적 사고를 실천하는 유대인의 영재교육은 어릴 때부터 사고하는 습관을 갖게 하고, 끊임없이 사고하도록 유도하며 결국에는 몰입적 사고를 할 수 있는 사람으로 만드는 가장 이상적인 교육이다.

퇴계 선생은 「자성록」에서 공부할 때에는 집중해야 한다고 강조하면서 관직에서 물러나 공부에만 몰두하고 싶어 했으며, 최후에는 자신을 거두는 삶에 최선을 다했다고 한다.

기회포착과 깨달음의 지혜로 삶의 맥락을 즐겨라

3단계

- 기회는 끊임없이 다가온다. 다만 그것을 깨닫지 못하고 있을 뿐이다.
- 설렘과 울림의 순간 지혜
- 직관과 영감의 순간 지혜
- 자아의 발견과 존중의 순간
- 삶의 맥락을 즐기려면 순수하고 고요한 마음으로 사물에 집중하고 몰입하라

인간은 감성의 무대에서 성장한다. 아무리 지식이 많고 부를 소유한 사람이라 할지라도 하루하루 삶 속에서 순간순간 찾아오는 삶의 기쁨과 즐거움의 맥락을 느끼지 못한다면 삶의 재미가 더해지지 않는다.

맥락은 인간성장 과정에 거물망처럼 얽혀 있는 삶의 지혜로 작용한다.

기회포착과 깨달음은 삶의 과정에서 일어나는 예리한 관찰과 판단으로 설렘과 울림, 직관과 영감으로 이어진다. 순간적인 깨달음의 지혜는 사물이나 상황을 보고 갑작스럽게 떠오를 수도 있으나 호기심이나 상상력을 통해 경험한 일들이 잠재력과 잘 융합된 결과라고 할 수 있다.

1. 기회는 끊임없이 다가온다. 다만 그것을 깨닫지 못하고 있을 뿐이다.

성장과정과 성장단계에서 일어나는 순간순간 맥락의 지혜는 삶의 과정에서 누구나 끊임없이 맞이한다. 순간순간의 지혜를 받아들이고 의미를 부여하며 그 가치를 찾는 것이 자기 인생의 중요한 기회가 될 수도 있다.

순간순간의 많은 기회 중에서

설렘과 울림의 순간의 지혜,
직관과 영감의 순간의 지혜,
자아의 발견과 존중의 지혜,
변화의 계기가 되는 순간의 지혜로 나누어 생각해 볼 수 있다.

유년기와 청소년기, 청년기, 장년기, 노년기를 거치면서 유치원, 초 · 중고, 대학, 대학원을 입학하고 졸업하며 취업도 하고 실직도 하게 되는 많은 기회를 거치게 된다.

인생은 단기적이고 순간적인 경험보다 장기적으로 이어지는 과정과 과정과의 연속적인 관계 속에서, 의미를 찾아가는 존재 속에서 많은 기회가 주어진다.

기회는 예고 없이 찾아온다. 아무리 좋은 기회가 찾아와도 그 기회를 자기 것으로 만들지 않으면 아무런 소용이 없다.

주어진 기회를 의미 있게 해석하고, 기회에 대하여 행동 방향을 정하고 신중하게 접근하지 않으면 그 기회는 지나가고 만다. 기회를 잡아라! 기회는 잡는 자의 몫이다.

생각과 행동에서

사람을 만나고, 책을 읽고, 여행을 하고, 영화 · 음악 등 예술을 감상하고, 스포츠를 하고 보기도 하며, 각종 행사에 참여하고, 가족과 가정의 일원으로 전통을 이어가면서 생활하고 성장한다. 이것 또한 성장 과정 속에서 일어나고 맞이하게 되는 기회에 속한다.

계절의 변화에서

우리는 자연과 함께 4계절의 변화를 경험하고 다가오는 환경의 변화를 받아들이면서 생각하고, 느끼고, 감동하는 과정에서 인간의 참모습을 그때그때 보여주고 생각하는 존재이며 생각 중에 좋은 기회가 기다리고 있다.

2. 설렘과 울림의 순간 지혜

입학식이나 발표회장에서 단상에 오를 때, 한 번도 가보지 못한 미지의 세계를 탐험할 때, 음악회에 참가할 때, 세계적인 천재미술가, 아이티 천재, 위대한 종교지도자를 만나게 될 때 그 순간 우리의 마음은 설렘과 울림으로 가득차게 된다. 그 이유는 장소나 사람, 분위기가 나에게 어떤 감동과 학습을 경험하게 할 것인가? 우선 마음속에 호기심과 기대와 희망으로 충만하기 때문일 것이다.

설렘과 울림은 우리의 마음과 뇌의 깊은 곳에 파고들어 감성능력을 키워주고 영감을 불러일으켜 깨달음을 준다.

음악이나 작은 물소리, 출렁이는 파도소리, 솔솔 부는 바람소리 등이 메아리로 다가올 때에 설렘과 울림은 새로운 정감과 황홀한 느낌을 준다. 이와 같은 현상은 사람과 사람을 만날 때, 전시회와 박물관 관람 등에서도 같은 감동을 느낄 수 있다.

이반 P. 파블로프(1849~1936)

즐기는 마음을 가지면 인생의 순간순간마다 가슴이 설레고 삶의 모든 느낌을 온전히 받아들일 수 있다. 육체적 즐거움이나 정신적 즐거움이나 매한가지다. 일단 마음이 즐거우면 육체가 건강해진다.

이와 같이 작은 일에서 폭발적으로 일어나는 마음의 순간순간을 설렘과 울림이라고 말한다.

설렘과 울림을 받는 것만으로는 그 의미를 찾을 수 없다.
그 설렘과 울림이 바로 그 순간 나에게 감동을 주고, 그것이 시사하는 바를 찾아 나의 내면의 지혜와 함께할 때 울림의 의미를 찾게 된다.

행복이란 따뜻한 봄바람을 맞으며 자연과 함께 내면 깊은 곳에서 즐거운 리듬을 느끼면서, 마음속에서 삶의 향기로움을 찾게 되는 기분 좋은 마음의 흐름을 설렘이라고 한다. 설렘으로 경험되는 행복은 음악적이고 예술적 감각이 더해진다.

3. 직관과 영감의 순간 지혜

직관이란 앞으로 닥쳐올 일이나 사물이나 상황을 접했을 때 그 실제나 잔상에 대하여 그 자리에서 순간적으로 느끼는 앎을 뜻한다.

영감은 창조적인 계기가 되는 번뜩이는 착상이나 자극을 뜻하며 맥락은 어떤 일이나 사물이 서로 연결되어 이루는 줄거리를 맥락이 작용한다고 한다. 영감은 순간적으로 스치는 생각이며 암시로써 어떤 울림이라는 것이다. 영감은 이성적인 사고나 지성적인 의식작용과는 다른 것으로써 발견의 필수적인 요소가 된다는 것이다.

영감이란 사람이 발명이나 발견 등의 지적과정에서도 볼 수 있고 문제해결이 막혀버린 상태에서 돌연히 떠오르는 통찰의 비약적 전개에서도 볼 수 있다.

또한 집중적인 지적활동 뒤에 긴장을 풀고, 쉬는 동안 직관이 대신 자리를 이어받아 갑작스럽게 뚜렷한 통찰을 주기도 하며 따라서 깨달음은 어느 순간 떠오르는 것이 아니라, 오래도록 열정을 가지고 집중하고 몰입한 결과이다.

이 밖에도 산과 강, 지형의 만남, 사람과 사람의 만남, 사건과 사건의 문제해결 등에서도 변화의 계기가 되는 분수령이나 변곡의 지점 등 상징성을 통해 직관과 영감을 느낄 수도 있다.

스탠포드대 명상센터의 테리 뉴튼은 명상을 하면 뇌의 대뇌피질이 자극을 받으면서 집중력이 높아지고 감정조절이나 공감능력이 향상되는 것을 입증했다고 한다.

4. 자아의 발견과 존중의 순간

설렘과 울림을 받고, 직관과 영감을 느끼는 주인공은 자기 자신이다. 이 감동의 순간은 순간적으로 받는 것만으로는 의미와 가치가 없다. 순간의 감동을 받을 준비와 나만의 공간이 있어야 받아들일 수 있다. 그와 같은 자기 나름의 공간을 갖기 위해서는 스스로 자기 내면을 들여다볼 줄 알아야 하고 자기를 소중히 여기고 존중하는 마음을 가져야 가능하다고 배철현 교수는 말했다.

자아의 공간은 무한대이다. 자아의 공간은 높이와 깊이, 넓이 등 한계가 없는 자기 내면의 세계를 말한다. 자아의 공간은 노력하면 얼마든지 많이 쌓을 수도 있는 보배로운 인간의 마음의 공간이며, 자기 인생의 행복을 좌우한다.

5. 삶의 맥락을 즐기려면 순수하고 고요한 마음으로 사물에 집중하고 몰입하라

성공의 열쇠는 정신이나 재능이 아니라 집중력이다.

집중하는 힘이 습관화되면 이미 성공은 당신의 것이다.

집중할 수 있는 사람은 긍정적인 생각을 남김없이 발휘하고 열정을 가지고 바라는 바를 마음속에 그리면서 그것이 실현될 때까지 의지를 한곳에 집중시킨다.

영감과 깨달음의 명언들

아르키메데스 : 목욕을 하면서 영감을 얻었다.

뉴턴 : 사과가 떨어지는 것을 보고 중력의 작용을 알았다.

에디슨 : 천재는 1%의 영감과 99% 노력으로 이루어진다.

스티브 잡스 : 인생에 있어서 중요한 것은 자신의 가슴과 직관을 따르는 용기를 가지는 것이다. 또한 미래를 내다보며 점들을

이을 수는 없으며, 오로지 뒤를 보며 점들을 이을 수 있을 뿐이라고 말하였다. 그러므로 그 점들이 언젠가 미래에 어떤 식으로든 이어질 것으로 믿는 확신을 가져야 한다고 하였다.

이런 사고방식은 한 번도 나를 실망시키지 않았고, 내 인생을 변화시켜 왔다. 지나간 경험을 연결시켜 잠재력으로 확인할 수 있다는 확신을 가져야 한다.

스티브 잡스의 잠재력은 지나간 경험을 연결시켜 영감과 맥락으로 작용하여 마침내 성취와 창조를 이루어낼 수 있다는 것을 말한 것으로 기억된다.

세계경제포럼 클라우드 슈밥 회장은 4차 산업혁명 성공을 이끌기 위한 과제로써 상황 맥락, 정서 지능, 영감과 영혼, 신체지능 4가지로 요약 발표한 바 있다. 공통점은 연결의 맥락이다.

상황 맥락이란

새로운 동향을 예측하고 단편적 사실에서 결과를 도출할 수 있는 능력과 자발성을 말한다.

정서 지능이란

생각과 감정을 정리하고 결합해 자기 자신 및 타인과의 관계를 맺는 능력이라고 한다.

영감과 영혼이란

변화를 이끌고 공통의 이익을 꾀하기 위해 개인과 공통목적, 신뢰성 등 여러 덕목들을 활용하는 능력.

신체의 지능이란

개인에게 닥친 변화나 구조적 변화에 필요한 에너지를 얻기 위해 자기 자신과 주변을 잘 다스리는 능력을 말한다.

그는 4차 산업혁명 성공을 위하여

우리의 정신과 마음, 영혼을 함께 모아 지혜를 발휘해야만 우리에게 닥쳐올 문제들을 의미있게 다룰 수 있다고 주장하고 그러기 위해서는 ① 지능을 키우고 ② 적용하며 ③ 파괴적인 혁신이 가진 잠재성을 잘 파악하고 ④ 끌어내 활용해야 한다고 말하였다.

성취와 창조의 꿈을 실현하여 존재감을 보여라

- 사람은 왜 꿈을 이루려고 하는가?
- 성취와 창조성의 의미는?
- 창조성의 명칭과 유형
- 창조성 연구의 필요성
- 창조적 인간이 갖추어야 할 기본 능력
- 창조적 과정과 생각의 도구들
- 영역의 전문성과 통합적 이해

별표
1. 창의적 인간이 갖추어야 할 행동모형
2. 창의력의 교차점
3. 창의력 이해를 위한 4가지 상호작용
4. 국가별 종합창의 지수와 다양성 순위

IBM은 1,500명의 최고경영자에게 가장 중요한 리더십 역량은 무엇인가 물었더니 이구동성으로 대답을 창의력(creativity)이라고 답변하였다고 한다.

필자의 삶에 있어서도 창조성에 이르지는 못 하였으나 창조성에 다가가기를 바라는, 나름대로 노력한 사람으로 기억되기를 바랄뿐이다. 공직에서나 공직 후에 필자가 행한 일중에서 제도화나 추진된 사례를 소개하면 다음과 같다.

첫째, 대학교육협의회의 창설을 제안하고 실천에 옮긴 일이다.

둘째, 사립대학 및 동 법인 회계를 단식 부기에서 복식 부기화한 것이다.

셋째, 사립대학법인 감사 2인 중 1인은 공인회계사로 법제화를 추진한 것이다.

넷째, 사립대학 경영지표 개발을 연구 추진하였다.

다섯째, 사립대학 등록금 책정을 정부의 물가 통제에서 벗어나 문교부장관이 행정지도를 할 수 있게 한 것이다.

여섯째, 초중고 학교교육선진화 사업으로 대구시 교육청이 전국의 모범 사례로 인정받은 것이다. (대구시 교육청 부교육감으로 동사업 추진단장 역할)

일곱 번째, CEO로서 서울교육문화회관을 포함한 계열회사의 영업이익을 적자에서 흑자로 전환한 기반을 조성한 것이다.

여덟 번째, 420년 전통가문의 문종 학술회의를 개최한 것이다.

지금 발간을 추진하고 있는 '성장의 비밀' 또한 유용하고 새로운 인간성장의 모델을 제시하고자 함이다.

1. 사람은 왜 꿈을 이루려고 하는가?

사람이 꿈을 이루려는 이유는 사람이 목적한 바를 이루어내는 목표 지향적 성취동기에서 찾을 수 있다.

인본주의 심리학자 매슬로의 「인간의 욕구 위계의 도식」에 의하면, 인간은 성장에 따라 기본적 욕구, 성장 욕구 중 자아실현 욕구가 최상의 욕구에 속한다. 자아실현 욕구는 충족되지 않아도 살아가는 데 별 문제가 없지만 이러한 욕구가 순차적으로 달성된다면 마지막으로 자신의 존재의 의미를 돋보이고, 그 향기를 사회에 전하고 싶어지는 것이 자아실현 욕구라는 것이다.

이러한 욕구를 성장 욕구(growth needs) 또는 존재 욕구라고 한다. 대부분의 사람들은 결핍 욕구를 넘어 자아실현 욕구에 이르기를 희망하지만 소수의 사람만이(약 1%) 성장 욕구를 충분히 만족시킨다고 한다.

생리적 욕구나 안전의 욕구는 생애초기에, 소속과 존경의 욕구는 청년기에, 인지적 심미적 자아실현 욕구는 중년기에 나타나고 상위 욕구일수록 삶의 후반기에 나타난다고 한다.

2. 성취와 창조성의 의미는?

성취(achievement)란 목적한 바를 이루는 것이며, 창조성(creativity)이란 새롭고 유용하며, 독창적이며 풍부한 사고나 행동을 통해서 유용한 것을 만들어내는 능력과 과정 간의 상호작용을 뜻한다. 모든 사람들은 본능적으로 성장본능과 창조적 잠재성을 지니고 태어난다. 프랑스 소설가 로맹 롤랑은 "창조만이 진정한 기쁨이며 창조된 생명만이 진정한 생명이다. 나머지는 모두 생명과는 무관하게 지하에서 표류하는 그림자일 뿐이다"라고 하였다. 창조는 인생이 갖는 유일한 즐거움과 사랑, 천재, 행동 모두가 창조라는 열정의 불꽃에서 분출된 것이라고 하였다.

창조는 긍정적 인간이 보편적으로 추구할 가치에 속한다. 사람이 소망하는 이미지를 마음속에 떠올리고, 원하는 것을 날마다 시각화하고, 상상하게 되면 마침내 자신이 목적한 바를 이루는 성취와 창조에 다가갈 수 있는 것이다.

정원식에 의하면 창의력은 생득적인 것이 아니라 학습된 것이다.

창조적이며 발산적인 사고력을 강조하거나 허용하는 문화에서는 창의력이 길러지고, 기존의 사고 과정을 답습하는 것을 요구하는 문화에서는 창의력이 육성되기 어렵다는 것이다.

김영채는『창의력의 이론과 개발(2007년)』에서 창의력(creativity)에는 창의성, 창의력, 창조성, 창조력, 혁신, 창발력 등이 포함되어 있다고 하고, 창의적 사고의 태도로써
　첫째, 적극적이고 긍정적인 사고
　둘째, 새로운 방식을 추구하는 생산적 사고
　셋째, 다양한 시각에서 이해하고 접근하는 것을 강조하는 폭넓은 사고를 제시하였다.

3. 창조성의 명칭과 유형

Leary의 창의력의 유형을 기술하는 몇 가지 사회적 명칭에서
　첫째, 창의적 창의자 : 전체인구의 1% 미만, 새로운 경험을 새로운 수행으로 제시한다.
　둘째, 재생산적 창의자 : 전체인구의 12%, 새로운 직접적 경험

은 없다.(한 분야의 흐름을 유지하면서 한 단계의 발전을 이루는 것)

셋째, 창의적 폐쇄자 : 전체인구의 12%, 새로운 직접적 경험을 새로운 수행으로 제시한다.

넷째, 재생산적 폐쇄자 : 전체인구의 75%, 새로운 직접적 경험도 없고, 새로운 조합도 없다.

위와 같은 통계에 의하면 실제 창조성에 참여하는 사람은 25%에 불과하며, 나머지 75%는 일에 참여는 하고 있으나 창의성을 발휘하지 못하고, 순수한 창의적 참여자는 1%에 불과하다는 통계이다.

우리는 자신의 생활 속에서 무언가를 성취하려는 목적 지향적 동기를 가지고 살아가는 존재이다. 자기 자신은 위의 창의성 유형 중에 어디에 속하는 삶을 살고 있는지 한 번쯤 뒤돌아보는 계기가 있기를 기대한다.

4. 창조성 연구의 필요성

전경원에 의하면 창의적 연구의 필요성으로 개인적 측면, 사회적 측면, 학습 측면을 강조하고 있다.

개인적 측면에서의 창의성은 잠재능력 계발을 말한다.

사회적 측면에서의 창의성은 효율적으로 인적자원을 활용하고 다양한 문제를 해결할 수 있고, 학습 측면에서의 창의성은 모든 학과목의 발전과 학습 과정 향상을 위해 연구가 필요하다는 것이다.

5. 창조적 인간이 갖추어야 할 기본 능력

미국의 심리학자 길퍼드는 창의성은 인간의 지적 특성으로 이해하고 창조적 사고요인으로 구성된다고 하였다.

그는 인간의 사고를 수렴적 사고와 발산적 사고로 구분하고 창의력 산물은 특정한 분야에 대한 발산적 사고와 동일한 사고로 분석하였다. 그리고 요인분석 결과 창조적 사고를 다음의 6가지로 보았다.

유창성 : 아이디어의 양적인 풍부성
독창성 : 평범하지 않은 독특한 반응
융통성 : 사고 방향의 포괄성과 다양성

정교성 : 중심이 되는 생각을 정밀하게 다듬거나 보충하는 능력

민감성 : 예민하게 지각하는 능력

재정의 : 새로운 절차나 구성을 꾸미는 능력

수렴성 지능은 하나의 사고에 집중하는 능력이고 그 반대 개념인 발산성 지능은 다양한 요인을 고려하여 좀 더 복잡한 사고를 펼치는 능력이다.

한편, 한국교원대학교 윤리학과 박병기(1998) 교수는 창의적 인간의 통합적 분석모형을 아래와 같이 제시하였다.

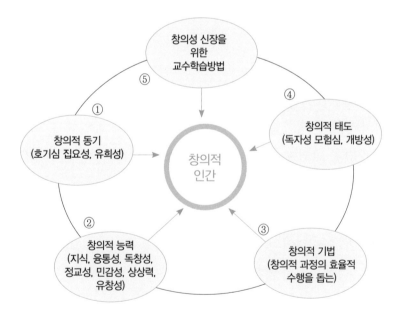

세계적 성공철학의 대가인 나폴레옹 힐은

첫째, 확고한 목표의식과 불타는 강력한 의욕을 갖고

둘째, 명확한 계획을 세우고 확실히 실행해 나가며

셋째, 주위 사람들로부터 부정적인 견해를 무시하고

넷째, 자기의 목표와 계획에 찬성하는 용기를 북돋워 주는 사람과 친구를 사귀는 것이 성공에 이르는 길이라고 하였다.

6. 창조적 과정과 생각의 도구들

「생각의 탄생」의 저자인 로버트 루빈스타인은 창의적 과정과 생각의 도구들에서 13가지 도구인 관찰, 형상화, 추상화, 패턴, 패턴형성, 유추, 몸으로 생각하기, 감정이입, 차원적 사고, 모형 만들기, 놀이, 변형, 통합을 강조하면서 남과 다른 나만의 독특한 사고인 직관, 영감, 통찰이 창조성의 원천이며, 창조적 상상력의 기반이 되는 느낌과 감정, 직관의 사용법을 배우는 것이 절대적인 명령과 같다고 강조하였다.

한편, 계명대 심리학과 명예교수인 김영채는 창의적 과정으로서 아래 7단계를 주장하였다.

1단계 : 기회의 발견

2단계 : 자료의 탐색

3단계 : 문제의 진술

4단계 : 아이디어의 생성

5단계 : 해결책의 개발

6단계 : 수용토대의 구축

7단계 : CPS 훈련절차

1단계부터 3단계까지는 문제의 이해에 속하고, 4단계는 아이디어의 생성, 5단계와 6단계는 행위를 위한 계획에 속한다. 각 단계의 적용은 상황에 따라 신축적으로 사용할 수도 있는 것이다.

7. 영역의 전문성과 통합적 이해

사람에게는 개개인이 가진 전문적 영역이 존재한다. 내가 가진 강점영역에서 성공하려면 그에 보탬이 되는 생각과 행동은 물론 그 영역에 보탬이 되는 전문성을 기르고 독서를 해야 한다.

우리가 삶의 과정에서 우물 안 개구리와 같은 좁은 인식의 세계에서 생각과 행동이 머물러 있다고 가정할 경우 그 사람에게서는 진보와 창의성을 생각할 수 없다.

자유롭게 원대한 꿈을 가지고 높은 이상과 희망을 향해 끈기있게 열정을 다한다면 성취와 창조에 다가갈 수 있다. 우물 안 개구리를 뛰어넘으려면 어떻게 해야 할 것인가?

첫째, 영역의 전문성을 뛰어넘을 수 있는 미래지향적인 긍정 정서와 상상력을 가져야 한다.

둘째, 영역의 울타리를 뛰어오르게 되면 경계가 사라지고 길이 열리게 된다.

셋째, 각 분야에서 10년 이상 계속 노력하게 되면 경험과 지혜가 쌓이고 그 영역의 전문가가 될 수 있다.

넷째, 인문학과 과학, 예술은 통합 교육으로 가야만 한 과목에서 배운 지식이 모든 과목으로 연결될 수 있는 통합적 교육적 효과를 기대할 수 있다.

로버트 루버스타인은, 통합교육의 목표는 감각적인 인상과 느낌, 호기심 그리고 지식과 기술이 다양하면서도 영역별 전문성이 통합성을 이루는 가장 높은 수준으로 결합되는 것이 바람직하다고 하였다.

따라서 교육에 있어서 프로젝트에는 씨줄과 날줄이 있다. 날줄이 창조적 사고의 본질을 이해하는 것이라면, 씨줄은 창조적으로 생각할 줄 아는 교육시스템에 대한 모색이라고 루버스타인은 주장하면서 교육의 목적은 전인을 길러내는 데 있어야 한다. 전인이야말로 축적된 인간의 경험을 한데 집약하여 "전인성"을 통해 한 조각 광휘로 타오르게 할 수 있는 사람들인 것이다. 통합교육이 이루고자 하는 것이 오로지 그것 하나라고 하였다.

별표 1. **창의적 인간이 갖추어야 할 행동모형(김영채)**

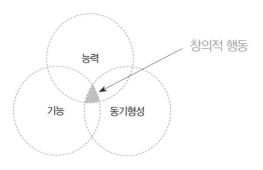

별표 2. **창의력의 교차점(1967년 길 포드)**

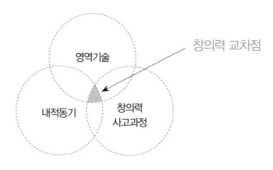

아이들의 창의성을 도와주기 위해서 성인들이 해야 할 가장 큰

역할은 아이들의 재능, 기술, 흥미가 교차되는 지역인 창의성의 교차점을 찾아내고 계발하도록 도와주는 것이다.

별표 3. 창의적 이해를 위한 4가지 상호작용(김영채)

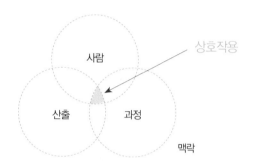

별표 4. 국가별 종합창의 지수와 다양성 순위

국가별 창의 지수

스웨덴(1)	스위스(2)	미국(3)
영국(4)	홍콩(5)	독일(6)
프랑스(7)	한국(21)	일본(23)

국가별 다양성 순위(캐나다 토론토대&미국 코넬대, 창조성 관련 지표 발표)

캐나다(1)	아일랜드(2)	네덜란드(3)
영국(7)	노르웨이(8)	홍콩(9)
벨기에(10)	일본(61)	한국(62)

제4부

통찰과 영혼의 성숙으로
행복한 삶을 살아라

1

통찰과 영혼의 성숙으로 행복한 삶을 살아라

영혼이란 육체 속에 깃들어 생명을 부여하고 마음을 움직인다고 여겨지는 무형의 실체라고 말한다.

삶과 죽음의 순간 우리 인간은 자기 인생에 대해서 더욱 진지하게 되고 삶의 가치와 존재를 되돌아보게 하고, 영감에 찬 통찰은 영혼을 성숙하게 하여 인생의 행복을 맛보게 한다. 철학자 러셀은 자신의 삶을 되돌아보며 "한평생 천방지축으로 살았지만 시대에 뒤떨어진 방식으로 일관성이 있었다"고 고백하며 자기 삶을 되돌아보았다.

자기 인생에 있어서 최선의 노력으로 성취와 창조에 도전하는 용기 있게 삶을 살아온 사람만이 영혼에 찬 통찰과 영혼의 성숙을 얻게 된다.

사람은 몸의 일부가 소실된 후에도 여전히 몸의 내적 이미지와 감각을 만들어 내며, 사라진 일부가 여전히 존재하는 것처럼 작동한다고 한다.

이때 나의 내적 이미지와 감각에는 어떤 것이 작용될 것인가? 아마도 자기 인생에 있어서 최고의 성취감과 존재감이 아름다움으로 영혼에 남게 된다면 이 영혼은 영원으로 이어질 것이라고 믿는다.

러시아 소설가 솔제니친은 8년간 감옥살이 끝에 신앙인이 되어 "감옥아! 내 너를 축복하노라! 내 삶에 네가 있었음을 축복하노라! 감방의 썩어가는 밀집 위에 누워 깨달았으니, 인생의 목적은 번영이 아니라 영혼의 성숙에 있다"고 하였다.

솔제니친의 인내심과 확신에 찬 영혼의 성숙은, 자신에 대한 믿음으로 거듭 태어난 내면의 깊은 고백이며, 역경을 이겨낸 승리의 소감이며, 세기의 문호다운 향기를 품고 있다. 험난한 역경 속에서도 상상의 날개를 마음껏 펼쳐, 영혼의 성숙으로 행복감을 맛본 성취와 창조의 길을 넘어선 현자의 모습으로 보여진다.

남아공화국 출신 만델라 대통령은 27년간 감옥살이 후 대통령에 당선된 사람이다. 인생의 황금기에 27년간 수난의 세월을 보낸 그가 대통령에 당선된 후에는 정적이나 감옥살이를 하게 한 집권 세력에게 정치보복을 하지 않고 화해와 용서로 대통령직을 성공적으로 수행함으로써 도덕적 권위로 추앙받는 통찰과 영혼이 성숙된 세기적 인물로 기억된다.

영적 차원은 우리에게 영감을 주고 우리 자신을 향상시키는 원천이며 우리로 하여금 모든 인류의 진리를 믿도록 해준다.

사람의 긍정적인 생각과 행동의 파동은 햇빛과 소리보다 깊고 힘 있고 역동적이다. 이것이 습관화되어 내면에 자리 잡게 된다면 놀라운 생명력으로 그대만이 가진 값진 영혼으로 남게 될 것이다.

생각과 행동의 힘은 성장을 꿈꾸는 사람에게 갖게 되는 생활의 활력소로써 삶의 태도, 삶의 에너지, 삶의 맥락, 삶의 향기로운 열매를 맺게 함으로써 마침내 영혼의 성숙으로 내면의 세계를 지배하고 행복을 맛보게 한다.

제5부

응용부문

통합적 연결맥락을 활용한
성취와 창조에 이르는 길

인간의 생각과 행동을 이끌어내는 내면의 세계가 성장의 깊은 비밀을
품고 있다. 성공과 실패는 내면의 지혜가 좌우한다.

1 성장을 꿈꾸는 통합적 연결맥락 응용 부문

시골의 가난한 농부가 부지런하고 정직한 농사일로 일생동안 노력하여 부를 이루고 아름다운 가업을 성취시킨 삶, 집안 사정으로 상급학교 진학을 못하고 일찍이 기술을 연마하여 장인이 되어 성공을 이룬 삶, 예능을 통하여 천재성을 발휘한 사람, 자수성가한 사업가 등은 학력과 지식을 앞세운 사람보다 더 소중하고 값진 성장의 삶을 살았음에 틀림없다.

저자는 이런 삶을 살아가는 사람 앞에 머리가 숙여진다. 왜냐하면 내가 그런 처지였다면 할 수 있을까? 하는 생각 때문이다.

로버트 루트번스타인은 그의 저서 「생각의 탄생」에서 미래 교육의 목적은 모든 학생들이 화가이자 과학자, 음악가이자 수학자로서, 무용수와 과학자로서 사고하도록 도와주는 데 있다는 이상적인 통합교육의 본보기를 제시한 바 있다. 우리의 미래교육은 통합교육으로 바꾸어야 한다.

둘째는 바람직한 최고 정치지도자가 탄생하기를 바라는 뜻에서 최고 정치지도자의 리더십 모델을 제시한다. 본 모델 역시 이 책의 1부, 2부, 3부의 바람직한 인간성장 과정을 거치면서 정치지도자로서 갖추어야 할 리더십의 자질과 조건을 전제로 한 것이다.

1. 통합적 연결맥락을 활용한 성취와 창조에 이르는 길

우리는 과학적 탐구의 진실이나 예술적 영감의 숨은 비밀, 경영에서 얻게 되는 노하우, 스포츠에서 배우는 도전과 열정, 리더십에서 발휘되는 소신과 철학을 통해서 성취와 창조에 이르는 결과를 살아가면서 눈으로 보기도 하고 자신도 경험하게 된다.

이와 같이 지식과 기술이 다양하면서도 통합적인 방법으로 가장 높은 수준에서 통합을 이루어 성취와 창조에 이르는 통합적 연결맥락을 제시한다.

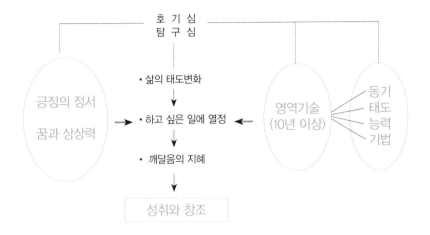

인간 성장의 목표인 성취와 창조에 이르기를 원한다면 누구나
최소한 10년 이상 동일한 영역에서 전문성을 키우면서 일관성을
가지고 집중하고 몰입한다면 성취와 창조에 이를 수 있다는 통합
적 연결맥락을 도표로 제시한다.

2. 성장을 꿈꾸는 이상적인 최고 정치지도자의 바람직한 통합적 리더십

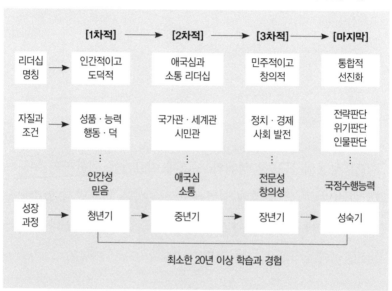

성장을 꿈꾸는 이상적인 최고 정치지도자의 바람직한 통합적 리더십(요약)

성장을 꿈꾸는 이상적인 최고 정치지도자가 되기 위해서는 성장 과정을 거치면서 첫째, 인간적·도덕적 리더십 둘째, 애국적이고 소통의 리더십 셋째, 민주적이고 창의적 리더십 마지막으로 전략판단과 위기판단, 인물판단을 할 수 있는 통합적 선진화된 리더십을 구비한다면 대한민국을 이끌어 갈 수 있는 최고 정치지도자가 될 수 있을 것으로 본다.

1) 서론

정치가 바로 서야 나라가 바로 선다. 정치지도자는 태어나는 것이 아니고 길러지는 것이다. 한반도는 지정학적 특성으로 예나 지금이나 국제정세라는 거센 풍랑의 파도가 일어나고 있다. 거센 풍랑의 파도 속에서도 아침에는 희망을, 저녁에는 위기라는 양면성을 피할 수 없는 상황을 바라보면서 나를 포함한 국민의 심정은 참담하다.

우리가 할 수 있는 것은 최고 정치지도자를 우리 손으로 직접 뽑는 선택뿐이다. 어떤 사람이 진정한 애국자이고 국가와 민족을 위하여 일 할 지도자인가 분별하기가 쉽지 않다. 윤평중은 그의 시론에서 정치인의 가장 큰 무기는 국민의 마음을 열어 나라를 지키고 발전시키는 데 있으며 오직 국민만을 바라보아야 한다고 말하였고, 이순신 장군은 문신이 돈을 밝히지 않고, 무신이 죽음을 두려워하지 않으면 나라가 평안하다고 하였다.

여야를 떠나 한국의 역사를 꿰뚫어 보고 미래를 관통할 만한 지도자가 탄생하기를 갈망하는 뜻에서 나의 식견이 부족함을 인정하면서도 정치지도의 바람직한 리더십을 제시해 본다. 지도자는 태어나는 것이 아니고 길러지는 것이다.

이 자료가 앞으로 훌륭한 정치지도자를 선택하고 판단하는 데 참고가 되었으면 하는 뜻에서 이 글을 쓴다.

3가지 질문에 답하라

- 정치지도자가 바람직한 리더십을 갖추지 못할 경우
  우리 국민에게 어떤 영향력을 미치게 될까?

- 지도자는 태어나는(선천적) 것일까?
  길러지는(후천적) 것일까?

- 정치지도자 선출과정을 경험하면서 자기가 행한 민주화 학습에
  얼마나 만족하고 있는가?

2) 리더십의 개념

리더십이란 국가나 어떤 단체나 조직이 주어진 사명과 목표달
성을 위하여 구성원이 자발적으로 적극적 행동과 의사결정을 하
도록

- 동기를 부여하고
- 올바른 영향력을 미치게 하며
- 조직과 구성원 간의 협동과 조정을 유도하고
- 조직 외부로부터 지원과 협조를 이루게 하는 변화와 혁신,
  창의적 능력과 기술을 의미한다.

3) 리더십의 특성과 자질

• 리더십의 특성은

정신적 특성으로 주도성과 자신감, 책임감, 비전제시 능력, 용기와 통찰력, 희생정신, 지적능력과 문화적 인식, 의지와 자기훈련 판단을, 신체적 특성으로 열정적이고 활기가 넘치고, 정서적 특성으로는 긍정적 사고, 자기통제, 균형감, 안정감을 들 수 있다.

• 리더십의 자질은

다른 사람에게서 찾아볼 수 없는 지도자의 개인적 독특한 성격과 개성을 강조한다. 지도자의 자질은 성공한 인물이 선천적으로 타고난 공통적 특성이라고 보는 입장이다. 그러나 지도자의 자질과 능력은 선천적 요인도 중요하지만 후천적 학습에 의하여 길러지게 된다는 것이다.

4) 리더십 발달이론과 리더십 행사

리더십 발달이론은 전통적으로 특성론, 행태론, 상황론이 있으며 새로운 리더십 이론으로는 변화와 혁신, 카리스마, 문화적, 도덕적, 감성적 리더십이 있다. 실제로 리더십 행사는 어느 한 가지 이론만 적용하기는 어렵고 시대적 상황의 논리에 따라, 중요도에 따라 최종적으로는 리더 자신의 최종 판단 능력에 의존할 수밖에 없다.

5) 정치지도자가 갖추어야 할 바람직한 리더십

리더십은 단 시일에 형성되는 것이 아니고 사람이 성장하면서 교육과 실제 경험을 통하여 학습 과정을 거치면서 장기간에 걸쳐 이루어진다. 이러한 과정에 초점을 맞추어 바람직한 정치지도자의 리더십이 형성되는 과정을 전개하고자 한다. 리더십의 자질과 조건은 최고 정치지도자에게 초점을 맞추고 있으나 최고 정치지도자가 아니더라도 국민의 선택을 받는 국회의원을 비롯한 지방의회의원이나 시도지사, 교육감에게도 바람직한 리더십으로 생각할 수 있다.

가. 제1차적 조건 – 인간적, 도덕성과 덕을 갖춘 리더십

성품, 능력, 행동과 덕을 갖춘 인간적 매력이 국민에게 믿음을 주는 필수적인 조건이다.

• 성품

사람들은 정직하고 도덕적이며 자신감과 균형감각을 가지고 앞을 내다볼 줄 아는 지혜와 용기를 북돋아주는 인간적 매력을 지닌 리더를 원한다.

• 능력

대인관계 능력은 조직을 구성하고 동기를 부여하며 능력에 알맞은 직책과 권한을 부여하고 상담에 응하며 지도, 조언하는 리더를 원한다.

개념적인 능력은 건전한 판단에 기초한 창조적 사고능력 분석적·비판적 윤리적 추론능력을 말한다.

전문적 능력은 모든 임무와 기능을 완수할 수 있는 전문적 능력을 말한다.

• 행동

목적, 동기, 방향을 제공하고 팀이나 조직을 위해 일하면서 영향을 미치고 실제 운영을 지휘하며 운영결과에 따라 문제점을 개선하는 리더십을 말한다.

• 덕

우리나라 선비 사상을 지배하고 있는 유교의 원리적 덕목은 '仁, 義, 德'으로서 덕은 수양이 완성된 인간, 융화와 공평을 가진 인간의 덕목을 뜻한다.

나. 제2차적 조건 - 애국심과 소통의 리더십

성품과 능력, 행동과 덕을 갖춘 인간적 매력을 지닌 지도성은 기본적으로 정치지도자가 갖추어야 할 제 1차적 조건이라고 할 수 있다. 이러한 자질과 조건에 더하여 갖추어야 할 다음 조건은 국가관과 세계관 그리고 시민관이 확고한 신념과 철학을 가진 애국심과 소통력을 가진 섬기는 리더십이 필수조건이다.

• 국가관

역사를 꿰뚫는 지혜와 애국심 그리고 국가의 미래와 국민전체를 생각하는 국가 차원의 신념과 철학을 가진 리더십

　－과거가 없으면 역사도, 문화도, 전통도, 유산도 없다. 반면 미래가 없으면 꿈도, 이상도, 희망도 없다. 현재와 과거는 미래를 연결해주는 교량이다.

　－철학의 목적은 우주의 원리와 인간의 삶의 근원적인 문제를 밝히는 것이며, 이것은 사물의 구조를 인식하는 인간의 마음의 구조를 밝히려는 학문이다.

• 세계관

세계화 시대에서 국가 간에 바람직한 상호관계를 유지하고 국가의 성장 동력을 이끌어내는 창조적 세계관이 요구된다.

• 시민관

권력은 시민으로부터 나온다. 재민주권(?) 인식으로 시민을 위해 섬기고 봉사하는 대시민관이 필수적 리더십이다.

다. 제3차적 조건 – 민주적이고 창의적 리더십

인간적이고 도덕적 리더십과 섬기는 리더십을 갖추었다 하더라도 정치지도자는 정치, 경제, 사회발전에 기여하는 전문성과 창의력을 갖춘 능력이 있어야 믿음과 선택을 받을 수 있는 리더십 조건이 성립된다.

• 정치발전

국가 안보와 외교, 국내정치에 있어서 한국적 시대 상황에 알

맞은 정책창출과 정치풍토를 쇄신하여 국민에게 믿음을 주는 헌신과 노력

• 경제발전

국내외의 경쟁이 가속화되고 있는 경제 상황 속에서 성장과 분배를 통하여 국민의 복지를 이끌어가는 효율적이고 안정적인 경제 정책 추진에 참여 또는 경험

• 사회발전

교육, 문화, 환경, 노사, 고용 등 사회 전반에 걸쳐 갈등을 해소하고 안정을 추구하는 국민에게 행복을 주는 정책추진 참여 실적과 노력

라. 마지막 조건 – 통합적 선진화된 리더십

마지막 조건은 국가경영 리더십으로써 국가 경영을 안정되게 성장시키고 국민을 행복하게 하는 통합된 선진화된 리더십이다. 정책과 상황판단 능력이 무엇보다 중요시되므로 올바른 인물판단, 위기판단, 전략판단 능력이 국정수행에 필수적으로 요구된다고 할 수 있다.

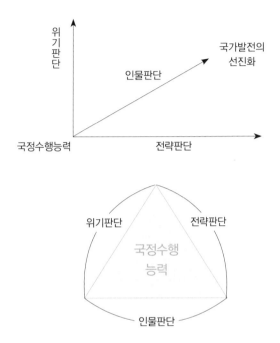

• 전략판단

비전과 목표를 포함한 새로운 방향으로써 국가 경영적인 방법과 새로운 전략의 수행에 필요한 제도와 조직의 재구성

• 인물판단

정치 엘리트의 선발과 적재적소의 배치

보좌진과 국무총리, 내각 구성, 관계 기관장 선임 등 인물판단 능력(핵심인력으로 컨트롤타워 롤 구성)

• 위기판단

정치, 경제, 사회, 안보 등에 관한 국가의 현실과 미래에 대한 위기대응 판단 능력(위기극복을 위한 근본 가치를 재구성)

6) 우리의 선택

우리는 4~5년마다 최고 지도자인 대통령과 국회의원, 지방자치 단체장을 비롯하여 교육감, 교육위원, 광역시 · 도, 시 · 군 의원을 선출하게 된다.

공식적 선거 외에도 학교나 동창회 각종 모임에 가게 되면 회장 선출에 참여하게 된다.

이러한 선거에 직면할 때마다 바람직한 일꾼을 누구로 선택 혹은 추천할지? 누가 가장 적임자인지? 후보자 선택의 기준이 무엇인지 실제로 고민하지 않을 수 없게 된다.

또한 선거 시즌이 되면 동창이나 선 · 후배 등 지연이나 학연, 정당, 사회단체 등 무수한 집단과 선거 운동원으로부터 맹렬한 지지기반 확보 대상으로서 시달림을 받게 된다.

이것은 거미줄처럼 얽혀있는 인간관계 속에서 살고있는 인간의 현실임을 인정한다 하더라도 바람직하고 참다운 후보자 선출을 하려면 어떻게 해야 할 것인가?의 물음에 다소나마 도움이 되었으면 하는 뜻에서 나름대로 작성한 자료이다.

인간이 태어나면서부터 꾸준히 성장하는 삶을 살게 된다면 즐겁고 행복한 성공적인 삶을 살았다고 한다.

지도자 역시 하루아침에 만들어지는 것이 아니고 성장단계에 따라 성품과 지식 그리고 행동이라는 인간적 기반 위에서 국가관과 시민관 그리고 세계관을 점차 확립하면서, 그러한 토대 위에서 정치, 경제, 사회에서 훌륭한 업적을 쌓아 검증과정을 거치게 되고 마지막으로 국가사회를 통합하는 리더십을 발휘하게 된다면 훌륭한 지도자가 탄생될 수 있다. 그 판단은 국민의 몫임은 말할 것도 없다.

한국적 바람직한 지도성은 통합적 선진화된 리더십으로써 창의성, 청렴성, 소통력, 성실성과 신념, 위기관리 능력과 이해조정 능력을 갖춘 인간적, 도덕적이며, 섬기고 봉사하고, 민주적인 새로운 리더십을 갖추게 된다면, 이상적 정치 지도자의 자질과 조건을 갖춘 것으로 생각된다.

※ 메모

필자가 평생 살아오면서 저장하고 있는 메모 중에서

- **성장을 향한 꿈과 호기심**
- **마음의 문을 열고**
- **순수성의 가치**
- **내면의 지혜**
- **창조적 성장의 열매**

5가지 메모를 본문에 실었다.

그러나 남아있는 MEMO 중에서 부록으로 5가지를 싣는다.

- **교육행정가의 기도**
- **공직에서 보낸 세월을 되돌아보며**
- **인간성장과 내면의 지혜**
- **내 고향 상주 죽암촌**
- **순수한 어머니 마음**

1. 교육행정가의 기도

하나님! 저로 하여금 교육행정의 길을 선택하게 하여 주시고 이 길을 통하여 저의 성품과 능력 그리고 행동력을 올바르게 쓰임 받을 수 있고, 일생동안 열정을 바쳐 교육행정의 길에서 임할 수 있도록 인도해 주심에 감사드립니다.

교육행정의 길은 어렵고 힘든 일인 줄 알고 있으나 저희가 그 직무를 수행함에 있어 공공의 이익을 최우선으로 하여 공평성과 섬김의 마음으로 성심을 다하도록 저의 영혼을 늘 일깨워 주시고 눈과 가슴과 얼굴에는 사람을 사랑하는 마음을 가득 품게 하소서.

정책수립에 참여함에 있어서, 미래지향적 예견능력을 주시고 행정상 오류나 실패를 저지르지 않도록 사전에 인지하는 지혜를 주시옵고, 이해 관계의 조정이나 집행과정에서 신뢰가 공고히 설 수 있는 합리적이고 바람직한 의사결정 능력을 확장시키도록 도와주시옵소서.

교육감 선거를 통하여 우리에게 던져주는 집단의식이나 공약상 포퓰리즘적 시민의식으로, 교육본질이나 우선순위를 정함에 있어서 갈등이나 불안을 일으키는 잘못된 생각이 교육현장을 지배하지 않도록 바로잡아 주시고, 올바른 교육행정 철학을 더욱 심화시키고, 교직자나 학부모의 마음속에서 바라는 교육으로, 미래의 주인공으로서 참된 길로 나아가게 하소서.

2. 공직에서 보낸 세월을 되돌아보며

공직은 청춘과 장년을 함께한 소중한 경험
벌써 35년간의 세월이 지난 지 20년이 지났구나.
나는 그곳에서 성장을 지렛대로 삼고 젊어서부터 배우고 힘쓰며 일했지.

처음 공직은 먹고 살기 위한 선택이었으나 시간이 갈수록 그것은 숙명의 길로 변했다네.
능력도 재주도 남보다 더한 것이 없는 사람이라는 것을 알게 되었고

한 길만 걸으면서 인내하고 앞만 보고 달려왔지.

그 결과 연금도 받게 되고, 소신과 철학도 쌓이게 되었다네.

우리 세대가 겪게 되는 공통의 경험과 사건들은 8 · 15해방과 6 · 25남침, 4 · 19혁명과 5 · 16군사혁명 그리고 민주화 과정에서 정치와 행정의 미묘한 관계 속에서도 조국의 근대화와 산업화의 국운을 갈망하면서 공직자로서 책무성을 다한다는 각오로 일했을 뿐이지.

지난 세월은 격동의 세월이요, 진보의 세월이었지. 그 결과 세계 10대 경제 강국으로 발돋움하게 되는 행복을 맛보게 되었다네.

3. 인간 성장과 내면의 지혜

사람은 누구나 마음속 깊은 곳에 행복한 삶을 위한 성취와 창조적 본능을 품고 태어난다. 이것은 하나님이 인간에게 준 최고의 선물이자 특권이다.

내 안에 살아 숨 쉬고 있는 "지혜의 불씨" 주인공은 나 자신임을 깨달아야 한다.

- 인생 1막 : 기초가 중요하다. 배우는 자세로 배우고 일하라
- 인생 2막 : 전공과 경험을 쌓아라. 자신감이야말로 삶의 에너지이다.
- 인생 3막 : 하고 싶은 일을 하라. 남기고 싶은 일 좋아하는 일을 찾아라.

- 인생은 자기 자신을 알기 위하여 끊임없이 노력하는 긴 여정이다. 그 속에는 성공보다 실패가 더 많다. 어떤 경우에도 멈추지 말라. 오늘의 실패는 내일에 이어질 성공의 지렛대라는 것을.

- 자신에 대한 사랑과 믿음을 쌓아가는 내면의 지혜가 가장 값진 보배임을 기억하라. 꿈과 상상력의 세계는 항상 열려있다. 순수한 마음으로 열정적으로 길을 찾는 자에게만 그 창이 열리게 된다.

- 눈에 보이는 것에만 현혹되거나 선입견에 얽매이지 말라. 눈에 보이지 않는 이상의 진리의 세계에 눈을 돌리게 되면 우리는 성숙하고 가치있는 세계에 이르게 될 것이다.

- 긍정적이고 창조적인 삶을 원한다면 항상 마음을 다스리되 두려움을 떨치고, 강인한 신념으로 담대하게 나아가는 삶의 과정

에 집중하고 몰입하는 삶의 태도 확립을 습관화하면, 성장관리와 목표관리를 효과적으로 할 수 있다.

• 성장의 수레바퀴는 오늘도 돌고 있다. 자신이 좋아하고 즐겁게 언제나 잘 할 수 있는 장점과 강점을 찾는 것이 성공에 이르는 지름길이며, 남에게 장점은 배우되 남의 뒤를 따라가면 앞서가지 못한다.

• 세상에서 가장 깊은 것은 사람의 인심이고 곧 사람의 마음이다. 이 세상은 사람 중심의 세상임을 알아라. 좋은 인간관계를 유지하는 것은 자신의 덕을 기르고 상대의 자존심을 높여준다.

• 좋은 것은 기억하고 나쁜 것은 머릿속에서 지워버리는 것이 현명한 사람이다. 자신의 잠재력의 보물창고에 부지런히 좋은 것을 쌓고 또 쌓아라.

그리하여 매일 매일을 되돌아보고 반성하고 전진에 전진을 거듭하라.

4. 내 고향 상주(尙州) 죽암촌(竹岩村)

　　내 고향 상주 죽암촌은 낙동강 휘돌아 흐르고
　　갑장산, 산봉산, 누각산을 창으로 두르고
　　북편 죽봉산 언저리엔 바위와 대나무 무성하네.

　　대나무는 사계절 푸르름으로 지조(志操)와 절개(節槪)를 뽐내는
　　선비와 같고 바위는 부동(不動)의 혼(魂)으로 담대한 군자 모습
　　갖추었네.
　　나는 바위도 대나무도 아닌 하찮은 촌부(村夫) 나그네라네.

　　고향 떠나 타향에서 객으로 60여 년의 세월을 보내면서 세파
(世波)에 물들어 상처입은 내 영혼 달랠길 없어 오늘도 내 고향
기리는 상념(想念) 속에서 어릴 때를 꿈꾸고 있네.

　　어릴 때 초막에서 자연을 벗 삼아 놀던 순진했던 영혼을 갈망하
며 그곳이 진정 가고 싶고 보고 싶던 추억으로 영원히 남아서 언
제고 돌아갈 내 고향 내 본향 향수를 달래며 그리워하네.

5. 순수한 어머니 마음

진리를 찾아보겠다고 이 세상을 한없이 헤매어도
진리는 보이지 않고 내 마음 잡초에 가려 있네.
마음을 고쳐먹고 내 고향을 찾아 가본다.

고향에 가면 먼저 어머니가 생각난다.
버선발로 마당에 뛰어나와 나를 얼싸안아 주신다.
나의 눈시울은 뜨거워진 채 어머니 품에 안긴다.

어머니는 언제나 나를 순수한 자식 제일이라 생각하시고
고뇌하는 자식의 상념과 영혼을 감싸 안고 품어 주셨지.
그것으로 나의 마음은 눈 녹듯 가라앉은 봄날이 되었지.

어머님의 자식에 대한 사랑보다 나는 잘난 줄로만 알았지.
하루하루 자만하고 불손으로 보낸 순간도 있었지.
그래서 마음속 오염의 쓰레기가 쌓이고 쌓였지.

이제 와 생각해보니 나는 세상의 눈에 보이는 것에 속아서 살았
다네.
어머님 마음속 깊은 골짜기와 높은 산은 알지 못하고

나만의 감옥 속에서 맴돌며 남의 불행을 살필 줄도 몰랐지.

이제 나는 어머니의 그토록 순수한 자식 사랑을 거울삼아
미련하고 덜 익은 속마음을 한 겹 한 겹 벗어 버리고
자연 속 순수한 정제된 어머님의 마음으로 되돌아가련다.

순수성으로 관통하면 지혜와 사랑이 보이는구나.
순수성으로 생각하니 기쁨과 화평이 찾아오는구나.
우주만물 이웃사람 모든 것이 하나같이 느껴지는구나.

이것이 진정 어머님의 순정의 마음인 것을!
나는 진정 어머님을 추모하면서 오늘도 살고 있다.

참고문헌

고가 후미다께, 작가의 문장수업, 경향비피 2015년

김규정, 행정학원론, 법문사 1983년

김성진, 스티브잡스, 씨앤북스 2015년

김영채, 창의력의 이론과 개발, 교육과학사 2007년

김옥림, 꿈의 명언, 미래문화사 2014년

　　　　생각의 차이, 서래북스

김종명 외, 설득의 비밀, 쿠폰북 2009년

너새니얼 브랜든, 나를 믿는다는 것, 스마트 비즈니스 2009년

나폴레온 힐, 놓치고 싶지 않은 나의 꿈 나의 인생, 국일미디어 2015년

노먼 빈센트필, 긍정적 사고방식, 세종 서적 1997년

데일 카네기, 인간관계론, 리베르 2007년

　　　　　행동하지 않으면 실패도 성공도 없다, 아이디어북 2003년

로만 크르즈나릭, 공감하는 능력, 더퀘스트 2018년

로버트 루터번스타인, 리더투리더재단, 최고의 리더십, 아시아코치센터 2007년

　　　　생각의 탄생, 에코어 서재 2007년

로버트 J 샤피로, 퓨처캐스트, 랜덤하우스 코리아 2010년

미치오 카쿠, 마음의 미래, 김영사 2015년

모리야 히로시, 성공으로 가는 길 리더십, 새벽이슬 2011년

모치즈키 도시타카, 보물지도 나라원 2004년

박병기, 박성현 외, 인간발달, 파워북, 2011년

서정현, 내면지능, 강단, 2014년

성태제 외, 최신교육학개론, 학지사 2007년

세론 Q 듀몬, 성공의 열쇠는 집중력이다, 북 뱅크 2006년

손희영, 믿음의 전환, 복 있는 사람 2015년

스튜어트 다이아몬드, 어떻게 원하는 것을 얻는가, 8.0 2015년

신동운, 다빈치처럼 상상하라, 스타북스 2015년

신창호, 함양과 체찰, 미다스북스 2010년

쑤린, 어떻게 인생을 살것인가?, 다연 2015년

아고로 스타빈스키,

아트윌리엄스, 무엇이든 이룰 수 있다, 미래지식 2009

앤서니 스미스, 리더십의 비밀, 지형 2008년

앨빈 토플러, 권력이동, 한국경제신문사 2012년

앨빈 토플러, 제3의 물결, 한국경제신문사 1999년

웨인 다이어, 마음의 습관, 이레 2006년

워렌 베니스, 노엘티시, 판단력, 21세기 북스 2009년

윤영달, AQ 예술지능, 이아소 2014년

윤정일 외, 신교육의 이해, 학지사 2002년

이돈희, 대한민국의 희망은 교육이다, 도서출판민사고 2007년

이명옥 외, 명화 속 흥미로운 과학이야기, 시공사 2006년

이어령, 지성에서 영성으로, 열림원 2010년

임수열, 최고의 습관, 토네이도 2014년

제롬 케이건, 무엇이 인간을 만드는가, 책세상 2020년

정명화 외, 정서와 교육, 학지사 2005년

정원식, 인간과 교육, 교육과학사 2005년

정원식, 인간의 가치관, 교육과학사 2013년

정원식, 인간의 성격, 교육과학사 2003년

정원식, 인간의 환경, 교육과학사 2012년

정원식, 인간의 동기, 교육과학사 2001년

정현갑, 생각 정원, 나무의 마음 2014년

제롬 케이건, 무엇이 인간을 만드는가, 책세상 2020년

제임스 E 줄, 뇌를 변화시키면 공부가 즐겁다, 돈을새김 2011년

조셉 존슨, 성공을 예감하라, 하늘아래 2010년

조엘 오스틴, 긍정의 힘, 긍정의 힘 2005년

조화태 외, 교육고전의 이해, 방송통신대학교출판문화원 2020년

존 네핑러 외, 어떤 사람이 최고의 자리에 오르는가, 토네이드 2014년

존 맥스웰, 사람은 무엇으로 성장하는가?, 비즈니스북스 2012년

존 맥스웰, 최고의 나, 다산라이프 20008년

존 어데어, 리더는 어떻게 단련되는가? 청림출판 2011년

조셉 존슨, 성공을 예감하라, 하늘아래 2010년

찰스 테일러, 자아의 원천들, 새물결 2015년

최재천 외 10년 후 세상, 청림출판 2012년

커트 W 모텐슨, 위대한 잠재력, 더난출판사 2009년

퇴계학과 한국문화, 경북대학교 퇴계연구소 2007년

클라우드 M 브라스톨, 신념의 마력, 비즈니스북스 2007년

이재규, 피터 드러커의 인생경영, 명진출판 2007년

피터 드러커, 최고의 리더십, 아시아코치센터 2007년

피터 드러커, 피터 드러커의 경영 블로그, 글로북스 2007년

한영환, 발전행정론, 아세아 문화사 2007년

황농문, 몰입, 알에이치코리아 2007년

저자 약력

저자 김홍원은 1937년 경북 상주시 중동면 죽암촌 출생으로 중동초등학교와 상주 농잠중학교, 경북고등학교, 영남대학교, 건국대학교 경영행정대학원을 수학하고, 중앙대학교 대학원에서 행정학 박사학위를 받았다. 한편, 미국 아메리카 카톨릭대학교 사범대학에서 대학 행정에 관한 공무 해외 연수를 한 후, 귀국 후에는 서울대학교 행정대학원에서 최고정책과정을 수료하였다.

교육부에서 과장, 대통령 기구 행정실장, 장관비서실장, 국무총리 교육심의관 국제교육진흥원 재외교육부장, 대구시 부교육감을 끝으로 명예퇴직 했다. 퇴직 후에는 대교개발주식회사 대표이사겸 서울 교육문화회관 사장을 역임하고 10여 년 동안 대학 강의를 담당하였다.

한편 자신의 삶을 되돌아보면서 전쟁이나 재해, 불운과 패배, 가족의 상실 등 고통을 이겨내고 희생을 다한 분들에게는 자신의 삶이 카펫 위의 평온한 삶으로 볼 수도 있기에 그분들의 희생정신과 고통에 먼저 깊은 위로와 감사를 드린다.

그러나 자신의 삶의 과정에서도 죽음에 이르는 병고에서 회복하는 경험을 하게 되었고, 그것이 하나님을 만나는 계기가 되었으며, 수술 수 15년간 80중반을 바라보는 나이가 되었으니 이 모든 것이 하나님의 은혜로서 무한한 감사를 드린다.

이는 나의 사랑하는 아내(김계옥 권사)의 헌신과 함께 주위의 도움이 있었기에 살아서 이 글을 쓴다.

하루하루가 의미 있고 가치 있게 아름다운 인생을 꿈꾸며 성장하는 삶을 원하는 분들에게 이 책이 작은 희망의 불꽃으로 남기를 기대한다.

저자 김홍원